Eugène NOEL

ROUEN

ROUENNAIS, ROUENNERIES

AVEC UNE LETTRE-PRÉFACE

Par Jules LEVALLOIS

> Pour bien écrire encor j'ai trop longtemps écrit
> Et les rides du front passent jusqu'à l'esprit.
> P. CORNEILLE.

ROUEN
LIBRAIRIE SCHNEIDER FRERES
Rue Jeanne-Darc, 26

1894

Imprimerie Cagniard

ROUEN

ROUENNAIS, ROUENNERIES

Eugène NOEL

ROUEN

ROUENNAIS, ROUENNERIES

AVEC UNE LETTRE-PRÉFACE

Par Jules LEVALLOIS

> Pour bien écrire encor j'ai trop longtemps écrit
> Et les rides du front passent jusqu'à l'esprit.
> P. CORNEILLE.

ROUEN
LIBRAIRIE SCHNEIDER FRÈRES
Rue Jeanne-Darc, 26

1894

Imprimerie Cagniard

... Nous devons cela au lieu de notre naissance et de notre demeure, de le rendre le plus honoré et renommé qu'il nous est possible.

Honoré d'Urfé, Préliminaires de *l'Astrée*.
L'autheur à la bergère Astrée.
(Édition de Rouen, 1647).

A Jules Levallois

Cher Jules,

Les dédicaces, en tête des livres, ne sont plus aussi fréquentes qu'autrefois et elles ont aussi, fort heureusement, changé de caractère. Obséquieuses, besogneuses, souvent peu dignes — témoin Corneille et sa dédicace de *Cinna* à M. de Montoron, — elles sont aujourd'hui rarement autre chose qu'un témoignage d'amitié ou d'estime.

C'est par amitié qu'en 1866 tu me dédiais ce sérieux et beau livre : *Déisme et Christianisme;* c'est par amitié qu'aujourd'hui je te dédie : *Rouen, Rouennais, Rouenneries.* Il y a cependant d'autres raisons à cette dédicace.

Lorsqu'en 1861 je te demandai, pour l'*Almanach des Normands*, une notice sur *Rouen*, tu l'envoyas avec empressement. Un mot de cette notice, qui ne tarda pas à devenir axiome, se retrouve aujourd'hui partout, tu appelais Rouen une « Ville-Musée ».

C'était plus vrai alors qu'aujourd'hui. Et néanmoins, tant de voies élargies, tant de percées, tant de démolitions et de reconstructions au cordeau n'ont pu empêcher que par quelques-unes de ses rues festonnées de pignons, par ses églises superbes, ses tours, son Hôtel du Bourgtheroulde, son Bureau des Finances, sa Cour des Comptes, son Palais-de-Justice, et, par son aspect général, Rouen ne soit, même à l'heure actuelle, et ne puisse rester quelque temps encore ce que tu as dit : une *Ville-Musée*.

Quoique tu aies cessé depuis longtemps de l'habiter, tu l'as revue assez souvent pour n'avoir pas perdu de vue tout cela, et pour te rappeler nos promenades d'apprentis archéologues d'il y a bientôt cinquante ans.

Eh bien! cher Jules, tu retrouveras ici des réminiscences de notre archéologie de ce temps-là.

Toi, depuis lors, tu as su donner un large développement à ton érudition. Ta vie à côté de Sainte-Beuve, au milieu d'une élite littéraire et philosophique, a permis cet élargissement de tes études.

Tout autrement en alla-t-il de moi; confiné dans la solitude au bord d'une rivière, *la Clairette*, je dus m'en tenir modestement à la pisciculture et au jardinage. La pisciculture pourtant et le jardinage devaient aussi — mais de façon différente — développer mon instruction, en me familiarisant avec les faits de nature.

J'eus la bonne chance de pouvoir étudier la vie. Très

jeune alors, tu venais égayer cette solitude, et tu n'as pas oublié nos promenades causeuses à travers bois et prairies. Grands et harmonieux peupliers, plantés par mon père et par moi, sources limpides au fond du jardin, fleurs, oiseaux, bestioles étaient le sujet de nos réflexions, et puis l'archéologie nous reprenait à l'aperçue fortuite de la moindre lucarne ou porte de ferme un peu gothique.

Alors, oh! alors, nulle hésitation à reconstituer en imagination toute l'ancienne France monumentale, littéraire, sociale... Le passé se ressuscitait pour nous, sinon dans sa réalité bien exacte, du moins dans un encadrement de fantaisies gaies, vivantes, vivifiantes... Libre et radieuse expansion de pensées dont, je crois, nous vivons encore.

Malheureusement pour ces velléités archéologiques, les livres souvent nous manquaient. Je ne sais si tu en fis la remarque, j'y pris, de mon côté, assez légèrement l'habitude (mauvaise) de m'en passer.

Il en résulta par la suite que ni vieilles archives, ni parchemins ne me tinrent jamais en suffisant respect.

J'en arrivai même (ô démence présomptueuse) à me figurer que peut-être les vieilles chroniques se verraient un jour démenties ou tout au moins rectifiées par le plus sûr de tous les documents quand on y saurait lire.

Quel était donc, pour moi, ce document? c'était la vie même, c'était le sang qui coule dans nos veines.

Se pourrait-il qu'en effet les événements du passé n'aient point laissé là leurs traces, et que la physiologie n'apprenne un jour à les y retrouver?

Ce sang qui nous anime, qui sera demain notre âme, est-il autre chose que le produit vivant d'une lente et longue et incessante préparation élaborée de siècle en siècle ? car rien dans la vie ne s'improvise, rien ne s'immobilise.

Et je pensais aux grands mouvements historiques, Réforme, Renaissance, Révolution, et je me disais : ceux qui les accomplirent en avaient-ils lu la nécessité dans les vieux parchemins ? Non, les parchemins, la Révolution les brûla sans les lire, ne devinant que trop leur contenu de mensonge.

On se sentait au cœur la poussée de vingt siècles. On marcha. On avait l'histoire de France écrite dans le sang, et l'histoire continuait de tenir dans le sang son registre.

Le sang des peuples, quel document, si jamais on arrive (et pourquoi pas) à l'analyser dans ses moindres globules !

L'histoire universelle pourra se lire un jour dans nos veines, dans tout notre organisme, comme l'histoire de notre planète dans les couches géologiques.

Ni l'archéologie, ni l'histoire n'ont encore trouvé leur vraie et large voie, la voie indiquée, non plus par les chroniques, mais par les grands naturalistes contemporains : les Darwin, les Hœckel, les Büchner, les Claude Bernard, les Broca, les Letourneau et tant d'autres, — je m'en tiens à ceux que je connais.

Heureusement la biologie a commencé son enquête, et déjà, sur plusieurs points, a redressé l'histoire. En voici un curieux exemple tiré d'un fait bien connu du siècle de Louis XIV : Littré, tu t'en souviens, peu de mois avant sa mort, dans sa *Revue de philosophie positive*, disculpa les favoris de *Monsieur* (frère du roi) d'avoir empoisonné *Madame* (Henriette d'Angleterre). « *Madame* se meurt, *Madame* est morte ». — Mais *Madame* était morte de mort naturelle.

C'est déjà un crime enlevé par la science à l'histoire; elle lui en enlèvera bien d'autres.

L'histoire, livrée à elle-même, n'a été que calomnie du genre humain, — c'était un des chagrins de Voltaire.

L'histoire, surveillée, guidée, éclairée par la science devra, de moins en moins, s'en tenir aux chroniques et petits papiers, même aux petits papiers de Suétone.

Les sciences naturelles, les sciences de la vie, seront le point de départ d'une révolution fondamentale dans toutes les branches du savoir, dans les arts, les industries, la législation et dans tout l'ordre social.

Dès le début de ce siècle, géologie et paléontologie avaient pour jamais bouleversé les traditions bibliques; que d'autres traditions pourront avoir prochainement le même sort!

Maintenant, cher Jules, ne dois-je pas, en te présentant ce livre, te dire comment il a été composé?

Sans en être la reproduction littérale, il a été en grande partie tiré d'articles publiés dans le *Tour du Monde*, dans le *Magasin pittoresque*, le *Musée des familles*, etc., le tout revu, corrigé, amplement augmenté.

Te dirai-je maintenant une inquiétude?

La littérature archéologique me paraît être bien en baisse. Un libraire ami, il n'y a pas longtemps, me disait à propos des histoires locales : « Ça ne se vend plus. »

Il est vrai que des libraires parisiens se plaignent de la non-vente de bien d'autres ouvrages. On a trop manufacturé de livres; il y a encombrement de cette marchandise comme il y a chez nous encombrement de cotonnades.

Autre souci :

Ce livre est le second que je publie sur notre ville. Le premier parut en 1872 (1) sous ce titre : *Rouen, promenades et causeries*.

C'est peut-être trop revenir sur le même sujet, mais il y a plaisir à parler des lieux où l'on passa son enfance. Je partage sur ce point l'avis d'un ancien romancier célèbre, celui dont La Fontaine a dit :

> Étant pet't garçon, je lisais son roman
> Et je le lis encore ayant la barbe grise.

(1) A la librairie Schneider, Rouen.

L'auteur de *l'Astrée*, Honoré d'Urfé, voulut donner pour théâtre à son œuvre le lieu de sa naissance : les paysages du Forez, les bords heureux du Lignon. Il dit très bien :

« .... Nous devons cela au lieu de notre naissance et
« de notre demeure de le rendre le plus honoré et re-
« nommé qu'il nous est possible. »

Je n'eus point lieu, en 1872, de regretter la publication de *Rouen, promenades et causeries,* le livre fut bien accueilli du public et de la presse. N'en demandons pas plus pour celui-ci.

Eugène Noel.

Vascœuil, 4 septembre 1893.

A Eugène Noël

Mon cher Eugène,

En mon nom d'abord, et aussi au nom de tous ceux qui, en ce moment troublé, ont besoin d'entendre une parole de concorde et de reconfort, je te remercie d'avoir si dignement et de si grand cœur attesté à nouveau notre fidèle amitié. Non pas notre amitié seulement, mais l'amitié elle-même, cette force dont on ne connaît pas assez les merveilleux bienfaits, seule capable de résoudre le problème humain, en donnant à chacun autant de liberté que de sécurité.

Et, si je me reporte aux premiers temps de notre longue liaison comme aux années qui ont suivi, c'est ce sentiment de liberté qui me frappe le plus. Je devais particulièrement l'éprouver, car ce que tu n'as pas dit, par une attention de délicate réserve, je dois le rappeler sincèrement et avouer que j'étais encore un écolier lorsque tu étais déjà un maître, — et mon maître. Jamais, il est vrai, maîtrise ne fut plus douce, moins impérieuse, moins envahissante.

Il y avait en moi de la pâte à disciple, mais tu ne voulus point que je le fusse. Ton grand souci était de m'indiquer les voies, de me les ouvrir, non de m'y engager.

Dans nos promenades, dans nos veillées du Tôt, deux courants se partageaient nos pensées et nos conversations. A l'archéologie proprement dite, tu joignais un autre enseignement qui était de l'archéologie encore, tu m'initiais, par Rabelais et Molière, à la tradition gauloise, en même temps que tu m'apprenais, non pas à aimer la nature (je l'ai aimée dès l'enfance), mais à l'étudier et à la comprendre. C'est expressément pour mon instruction que tu écrivis ces *Lettres sur les fleurs* qui sont devenues *la Vie des fleurs*, et j'ai eu ma bonne part des *Légendes françaises*, bien avant leur publication.

En avançant dans la vie ai-je su accorder une égale valeur à ces deux ordres de recherches et d'activité ? Il semble que *les Mémoires d'une Forêt* et surtout *l'Année d'un Ermite* témoignent de ma fidélité envers la nature, tandis que *la Vieille France* et *Corneille inconnu* appartiennent plus spécialement à la veine historique et archéologique. Cependant pour ne pas feindre un équilibre que l'on trouverait en désaccord avec la réalité, il faut bien reconnaître que le champ de mon investigation s'est volontiers plus étendu dans l'ordre littéraire et moral que dans le sens physiologique et scientifique.

Est-ce toutefois déserter l'étude de la *Vie?* Je ne le crois pas. Pourquoi attribuerait-on aux sciences dites naturelles le privilège unique et exclusif d'explorer, de décrire, de révéler la nature, de distinguer le vrai du faux, l'artificiel du vivant, le réel de l'illusoire? Est-ce que toutes les sciences ne sont pas naturelles? Est-ce qu'il y a quelque chose en dehors ou au-dessus de la nature? Est-ce qu'il y a quelque chose qui n'ait pas vécu, qui ne soit pas vivant ou qui ne soit pas appelé à se manifester? Entre les sciences qui traitent des énergies physiques et celles qui scrutent les énergies morales, il y a donc parallélisme et non contradiction. La révolution qui s'est opérée dans l'histoire naturelle par Lamarck, Geoffroy Saint-Hilaire, Lyell, Darwin, Pouchet, de Blainville, doit pareillement s'accomplir dans la philosophie expérimentale où la spéculation se fonde sur les faits, où les conclusions s'autorisent de l'observation. La psychologie n'est pas à détruire, elle est à transformer; la métaphysique n'est pas à supprimer, elle est à rectifier; les sciences psychiques, à peine entrevues, sont à créer presque de toutes pièces. Voilà, mon cher Eugène, dans quelle direction j'ai été amené à me mouvoir, à travailler, et ce faisant, je ne crois point avoir été infidèle à l'esprit de tes enseignements. Le moraliste comme le biologiste cherche le vrai sur le vif. Il ne se contente point : cette *suffisance* purement *livresque* dont parle Montaigne.

Pourquoi d'ailleurs tant se méfier des livres, nous qui en faisons et qui en ferons encore, je l'espère. Sans doute l'histoire a été souvent une grande menteuse, mais voici, ainsi que tu le dis très bien, que d'autres sciences interviennent pour la contrôler et la compléter : la philologie, l'histoire de la littérature et de l'art, et l'archéologie.

Ce que l'homme n'a pas dit, ce qu'il a mal dit, ce qu'il a voulu dénaturer ou dissimuler, tout cela se devine, se découvre, se démasque par le dépouillement des langues primitives, par la pénétration des œuvres d'art (comme j'ai essayé de le faire dans *les Maîtres italiens*), par l'examen des monuments, témoins indifférents et irrécusables de leur époque. Quelle chronique vaudra jamais une cathédrale ? Ce qui reste de Rome et d'Athènes en apprend plus sur le monde ancien que Tacite ou Thucydide.

Ces monuments, il n'est pas donné à tous de les voir. Les découvertes de l'érudition ne sont pas accessibles à tout le monde. Les grandes œuvres d'art sont dispersées sur la surface du globe : comment les connaîtrions-nous sans les livres ? Et puis ces documents, ces œuvres, ces monuments, le temps les fera tôt ou tard disparaître. Qui en conservera l'image et le souvenir, sinon les livres ? Le Rouen que nous avons connu n'est déjà plus ce qu'il était, et, par l'inévitable mouvement des choses, il le sera de moins en moins. Aussi les Rouennais de l'avenir te devront-ils une véritable reconnaissance pour leur avoir laissé une si fidèle et si vivante peinture de leur vieille cité.

Ce n'est pas seulement la ville matérielle que, dans la mesure de ton art, tu auras sauvée de l'oubli, c'est aussi ce qu'on pourrait appeler la ville morale, avec ses traditions, ses originaux, son caractère, son esprit.

En effet, d'une génération à l'autre, ce qu'il importe de conserver et de transmettre, c'est l'esprit. Il n'y a rien qui s'oublie, qui se dissipe, qui en quelque sorte se volatilise davantage. N'est-ce pas un devoir pour nous, à l'âge où nous atteignons, de fixer pour le passé le plus proche, pour ce qui a trait à nos contemporains, dont beaucoup sont déjà le passé, l'esprit dont fut animé une époque, esprit que seuls connaissent ceux qui ont vécu, souffert, aimé dans cette époque ? Pour moi, si je dois produire encore, je désire que ce soient des œuvres testimoniales, des témoignages de ce que sentaient, pensaient les hommes qui m'ont élevé, au milieu desquels j'ai passé ma jeunesse, avec lesquels j'ai plus tard contribué, selon mes moyens, au développement de la vie intellectuelle et à l'éducation de ce temps.

C'est ce que tu as fait dans plusieurs de tes livres, mon cher Eugène, ce que tu réalises plus particulièrement dans celui-ci. Aussi, je ne doute nullement du succès. Quoique l'on ne soit point ordinairement prophète dans son pays, tu es trop justement populaire à Rouen pour que ton ouvrage n'y reçoive point le meilleur accueil. Je m'en réjouis doublement, pour l'auteur, en premier lieu, et pour le destinataire de l'excellente Dédicace.

JULES LEVALLOIS.

Pontaubault, 21 septembre 1893.

PREMIÈRE PARTIE

ROUEN

I

I

HEUREUSE SITUATION GÉOGRAPHIQUE
CARACTÈRE DE LA RACE

Montez à l'est sur la côte Sainte-Catherine, au nord, sur les hauteurs du Boisguillaume et de Saint-Aignan, ou, si vous l'aimez mieux, à l'ouest, vers Canteleu, tout de suite vous aurez l'éblouissement de cette vaste et superbe topographie rouennaise.

Assise poétiquement au bord de la Seine, les pieds dans l'eau, sur un coteau faisant face au midi, la vieille ville, Rouen (autrefois *Ratumakos*) voit son beau fleuve décrire devant elle ses courbes gracieuses. De vastes et verdoyantes prairies s'étendent là-bas, là-bas...

L'ancien village d'Émendreville en face d'elle sur la rive gauche est devenu partie d'elle-même, partie vivante, agitée, populaire ; c'est le colossal faubourg Saint-Sever, où se sont agglomérés les usines, les fabriques, les grands ateliers en tous genres. Une forêt de hautes cheminées semble vouloir rivaliser avec les clochers, les pyramides et les tours de la rive opposée, où trône et bourdonne la noire cathédrale surmontée, spectacle inouï, d'un chemin de fer vers le ciel.

Un cercle grandiose de collines élégantes entoure le paysage; ici et là se mirent dans les eaux, non loin de la grande ville, les petites villes et villages : en aval, Petit et Grand-Quevilly, Petit et Grand-Couronne, Bapaume, Croisset, Dieppedalle et, sur la hauteur (on pourrait dire dans le ciel), Canteleu, et sa petite église, dont le clocher pointu s'aperçoit de partout; en amont, c'est-à-dire vers l'est et à gauche, la Mivoie, Saint-Adrien, Port-Saint-Ouen, Oissel et puis, tout près de la ville, la côte Sainte-Catherine avec sa haute roche aiguë, pittoresque et menaçante, avancée jusqu'au bord de la Seine; là vient aboutir la vallée de Darnétal, riche de ses deux petits cours d'eau, le *Robec* et l'*Aubette*, le mâle et la femelle, notez cela s'il vous plaît; leur mariage avait lieu jadis au *Choc*, mais on les a depuis forcés de divorcer.

A l'ouest, et comme pendant à la vallée de Darnétal, la vallée de Bapaume offre à la Seine les eaux de sa brillante et large rivière, venues de Déville, Maromme, Bondeville, le Houlme, Malaunay, Monville, où se réunissent, en formant un Y de vingt-cinq kilomètres, les deux vallées de Clères et de Cailly.

Toutes ces eaux, comme élément fertilisateur, comme force motrice, et (par la Seine) comme voie de transport maritime, ont fait, en grande partie, la fortune de Rouen en lui créant, pour le commerce, pour l'industrie, pour l'agriculture, une situation privilégiée. Les arts mêmes, en toutes leurs manifestations, s'en sont inspirés. Aperçu de Canteleu, de la côte Sainte-Catherine ou du Boisguillaume, Rouen est un des plus beaux lieux de France.

Ainsi favorisé par sa situation géographique, par la fertilité et l'excellence de son sol, par l'énergie, la sagesse et l'esprit d'entreprise de ses habitants, fins, réfléchis, rusés, tenaces et gouailleurs, Rouen, depuis un siècle, n'a cessé de grandir; au sud, au nord, à l'est, à l'ouest, elle s'est étendue. Les géographies, les statistiques, les guides, les almanachs ne portent sa population qu'au chiffre de 112,352; ce nombre, exact officiellement, est cependant inférieur à la réalité.

Rouen, en effet, d'action et d'aspect, ne se renferme pas en ses strictes limites administratives et communales: sa vie, son mouvement, ses usines, ses fabriques s'étendent aux communes voisines, et leurs populations sont sa population. Si la grande ville ne s'est point légalement annexé ces communes, elle se les est annexées et appropriées comme succursales et, mieux encore, comme parties d'elle-même. Nous les appelions tout à l'heure communes *voisines*: cela eût été vrai au commencement du siècle; mais actuellement il n'y a plus *voisinage*, il y a réunion et fusion. Où Rouen se sépare-t-il de Darnétal, de Sotteville, de Quevilly? où se sépare-t-il de Déville, qui tient à Maromme, qui tient à Bondeville, qui tient au Houlme, qui tient à Malaunay, qui tient à Monville? où trouvez-vous à ce chapelet de petites villes un grain absent, une maille rompue? où se séparent-elles de Rouen qui, depuis soixante ans, en s'étendant vers elles, les attirait à soi?

Voilà pour l'est, pour le sud et pour l'ouest. Au nord, sans interruption d'habitations et de rues, en suivant la montée au-dessus de la ville ancienne, nous trouvons, comme ville nouvelle, comme quartier champêtre, comme lieu de plaisance et de fêtes, le Boisguillaume avec ses 5,510 habitants... Mais voyons quelle est la population des autres parties :

Darnétal.	6,460
Sotteville	16,384
Saint-Étienne-du-Rouvray . . .	4,670
Oissel.	3,948
Petit-Quevilly.	10,688
Grand-Quevilly.	1,773
Canteleu	3,630
Déville.	5,264
Maromme.	3,433
Bondeville.	2,859
Le Houlme	2,128
Malaunay.	2,062
Monville.	2,520
Barentin	4,418
Pavilly.	2,957
	73,194

A ce chiffre de 73,194, ajoutez les 112,352 habitants de Rouen proprement dit et les 5,510 du Boisguillaume, vous aurez pour la métropole normande une population totale de 191,056 habitants.

Voilà la réalité.

Mais de quel prodigieux outillage industriel et maritime sont armés ces 191,056 habitants! et par les usines hydrauliques, par les innombrables machines à vapeur, quel développement de force, d'action, d'extension et de production! Si vous ajoutez, là tout près, le Havre et, pas très loin, Paris, en quel tourbillon de vie nous voilà!

Cette puissance et cette richesse ne sont pas d'hier ici; les monuments du passé, si nombreux, si beaux, si imposants, nous en offrent la preuve : cathédrale, palais, tours, portes triomphales, maisons délicieuses en bois, sculptées, ornées, sembleraient témoigner d'une prospérité perpétuelle. Et pourtant que de calamités terribles, sièges, incendies, famines, pestes, inondations. Mais le courage, l'énergie indomptable de la race normande, son orgueil, sa fierté, son désir du triomphe reprenaient le dessus; en dépit de toutes les misères, les arts, l'industrie, l'esprit de conquête, l'amour du gain, la passion d'acquérir remettaient tout en branle, et la ville, vingt fois détruite, vingt fois se rebâtissait, toujours grande, toujours belle et artistique jusqu'en ses recoins les plus perdus, les plus obscurs, jusqu'en ses cimetières, dont un spécimen si remarquable nous est resté dans l'*aître Saint-Maclou*. Mais n'anticipons pas, nous aurons plus loin à décrire quelques-unes de ces rares curiosités.

On a cru devoir insister sur la puissance et la richesse de Rouen à toutes les époques de son histoire, parce que rien n'est plus caractéristique de la race normande. Quelques historiens (sans preuves suffisantes cependant), ont affirmé que Rouen, au quinzième siècle, comptait 300,000 habitants, alors que Paris même n'en comptait que 600,000. Cela fût-il exact, qu'eût été l'action de ces 300,000 hommes, réduits à leurs propres forces musculaires, avec les entraves de la misère, avec le dénûment de tout outillage, logés au hasard, ne possédant rien, n'ayant de ressources, pour la plupart, que la mendicité ou la hideuse gueuserie, vivant à l'aventure, sans domicile, et s'entassant la nuit pêle-mêle les uns sur les autres dans des enclos fétides, dans les rues, sous le porche des églises et jusque dans les clochers et les tours..., qu'eût été, dis-je, l'action de ces 300,000 hommes dénués de tout, comparée à celle des 191,000 travailleurs actuels munis d'engins formidables? Aussi le moindre d'entre nous, gens d'aujourd'hui, peut-il être en relation avec la terre entière, être voituré, instruit, informé, comme ne l'étaient pas les souverains et princes de ce temps-là. Mais ceci n'est pas particulier à Rouen : toutes les villes du monde ont à cette heure les mêmes avantages.

Un autre trait caractéristique de ce vivant pays et qu'il importe de signaler, c'est le nombre des Normands arrivés à la célébrité; et, pour quelques-uns, à quelle célébrité glorieuse et retentissante! le premier rang en tous les genres d'héroïsme, de valeur, de talent! Dans la *Nouvelle Biographie normande* de Mme N. Oursel, les notices s'élèvent au chiffre de six mille cinq cents. Quel témoignage de forte vie en cette belle et fière race normande, encore mal étudiée, mal appréciée et peu connue! Mais avec le temps tout se dévoile. Les Normands, un jour, sauront peut-être écrire leur histoire. Essayons, en attendant, de faire un peu connaître leur vieille capitale. La vie moderne, impossible dans les rues étroites, sales, sombres et tortueuses du moyen âge, en détruisant chaque jour inévitablement quelque regrettable merveille, en laisse encore assez pour nous intéresser et nous instruire des choses du passé.

Mais si le passé nous apparaît ici dans sa puissance, dans sa variété, dans sa richesse artistique, si nous y sommes en plein moyen âge, en pleine Renaissance, nous nous y trouvons aussi en pleine actualité. Ville archéologique, ville-musée, Rouen est également ville moderne. Arts, industrie, marine, agriculture, sciences eurent ici quelques-uns de leurs plus hardis initiateurs. Toutes les manifestations de l'activité humaine ont été et continuent d'être, en cette ville, fièrement représentées. Pays d'Alain Blanchard, de Ricarville, de Cavelier de la Salle, de Pierre et de Thomas Corneille, de Fontenelle, de Boisguillebert, de Géricault, de Boïeldieu, de Pouchet, de Flaubert, de Bouilhet, de Maupassant, et combien elle pourrait être allongée cette liste de noms glorieux !

Mais je n'ai pas à faire ici l'histoire de Rouen, ni de ses grands hommes, j'ai à vous montrer en son état actuel la vieille cité.

Veuillez donc m'y suivre et y faire avec moi quelques promenades. Si beaucoup de choses belles et vraiment artistiques ont disparu de l'ancienne capitale normande, des choses belles également et surtout bonnes au point de vue des sciences et de l'industrie, au point de vue de l'humanité, les ont remplacées ! Air, soleil, fontaines, eaux courantes, jardins publics, avenues, larges places, ont diminué le chiffre de la mortalité. Sur l'emplacement de rues étroites, humides, obscures, infectes, les squares agréablement dessinés, bien plantés, bien fleuris. Tout cela, ce n'est pas de la décadence. Soyons archéologues, c'est permis, mais avant tout soyons hommes, et soyons hommes de ce siècle, qui vaut, malgré ses défaillances, ceux qui l'ont précédé, grand siècle dont tous les hommes du passé, s'ils pouvaient revenir, proclameraient eux-mêmes la supériorité, — n'en doutez pas. — Et maintenant en route à travers la vieille ville historique.

II

ANCIENNES ENTRÉES. — ENTRÉES ACTUELLES
GARE DE L'OUEST. — RUE JEANNE-DARC. — PALAIS-DE-JUSTICE
LE GROS
LE GROS HORLOGE A LA PLACE D'ARMES

Qui n'aurait pas vu Rouen depuis soixante ou soixante-dix ans ne s'y reconnaîtrait guère aujourd'hui, du moins en plusieurs quartiers. Nous y avons vu, en effet, dans cet intervalle se produire des développements heureux ; mais nous y avons vu se produire aussi des pertes irréparables. Plusieurs des aspects de cette grande ville se sont amoindris ; des embellissements dirigés au dernier siècle avec intelligence, avec art, en vue de donner à la métropole normande des entrées dignes d'elle, sont aujourd'hui comme n'existant plus. Ces grandioses avenues plantées (quelques-unes sur les bords de la Seine), le visiteur étranger les parcourait avec émotion, avec respect... Elles existent encore, ces avenues, mais, hélas ! elles ne servent plus d'entrée à la ville.

Les chemins de fer ont mis fin à ce beau luxe, ils ont mis fin à cette bonne et favorable impression du voyageur, à qui la ville semblait offrir ainsi une courtoise et riche hospitalité.

Rouen est aujourd'hui comme une ville prise d'assaut et défoncée : on y entre par la brèche ; que dis-je ? les voyageurs de Paris, du Havre, de Dieppe, de Fécamp, de tout le littoral n'y accèdent que souterrainement. Des profondeurs de la gare, une rampe vous monte à la hauteur du sol, et vous voilà dans un coin perdu de la ville, coin mal venu, sans caractère, sans grandeur, privé de perspective. Par où se diriger, on l'entrevoit à peine ; cela ne répond guère aux traditions autrefois en usage ici. Cette vieille ville aimait à se montrer belle, à se parer en reine. On n'y entrait que par des portes triomphales, portes demeurées célèbres et si chères aujourd'hui encore à la mémoire des Rouennais, que peu de fêtes se passent sans qu'on n'en rétablisse l'image aux lieux où elles étaient : porte Cauchoise, porte Saint-Hilaire, porte Martainville, porte Jean-le-Cœur, porte du Bac, porte Grand-Pont, porte des Cordeliers, porte Haranguerie, porte de la Vicomté, etc. Quelques-unes de ces portes existaient encore au commencement du siècle et ne furent démolies que de 1810 à 1827 ; une seule, la plus moderne et l'une des moins intéressantes, la porte Guillaume-Lion, est encore debout, à l'extrémité orientale du quai, au bas d'une rue obscure, tortueuse, repugnante, mais riche de maisons curieuses. Au seizième siècle, c'était une des rues aristocratiques de Rouen, aussi bien que la rue Martainville où elle aboutit, et que son état de misère a forcé de démolir en grande partie, en vue d'assainir et d'embellir la partie basse de la ville. Cette rue porte le nom de *rue des Arpents* ; c'est là que se trouve une cour moyen âge si souvent admirée par les voyageurs artistes qui savent tout braver ; je n'y ai pourtant jamais rencontré qu'honnêtes gens, polis et attentionnés. Les dessinateurs qui viennent quelquefois prendre un croquis du curieux labyrinthe y sont bien accueillis.

Les portes, les belles entrées dont je parlais tout à l'heure et où se complaisait la fierté normande, elles n'existent donc plus ; les vieilles avenues cependant n'ont pas toutes, je l'ai dit, entièrement disparu ; quelques-unes sont encore là, non comme entrées, mais comme promenoirs, malheureusement peu fréquentés : la vie n'y est plus. J'irai donc au-devant de vous, à la gare de l'Ouest, rive droite, supposant que vous arrivez, ou de Paris, ou de la mer. Nous serons tout de suite dans un des quartiers élevés ; nous n'aurons qu'à descendre en suivant tout à l'heure, quand nous l'aurons trouvée, de l'autre côté d'un boulevard prochain, la large et longue rue neuve qui d'elle-même s'ouvrira devant nous.

Nous n'avons pas encore les pieds hors de la gare,

qu'une ruelle nous apparaît à droite, se dirigeant vers l'ouest.

C'est la *rue Pouchet*, ainsi nommée, non pas en l'honneur de notre cher naturaliste, F.-A. Pouchet, mais en l'honneur de son père, Louis-Ezéchias Pouchet, introducteur en France de la filature de coton. Trois générations successives sont arrivées à la célébrité, dans cette famille Pouchet : Louis-Ezéchias, économiste, industriel et savant distingué; Félix-Archimède, le naturaliste, et son fils, M. Georges Pouchet, actuellement professeur d'anatomie comparée au Jardin-des-Plantes.

Ceci est une des caractéristiques de la vieille bourgeoisie normande : d'une génération à l'autre on s'y transmet, en certaines familles, la probité, la valeur, le talent, la science. Pour le talent il y aurait à citer, dans les dernières années, la dynastie chirurgicale des Flaubert, entremêlée du romancier. Mais si nous remontions dans le passé, ne verrions-nous pas une autre famille nous donner en moins d'un siècle les deux Corneille, Fontenelle, Boisguillebert, le fondateur de l'économie politique, et Charlotte Corday, qui, prête à livrer sa tête, rappelle avec calme à son père, dans une lettre d'adieu, le vers du grand-oncle :

Le crime fait la honte et non pas l'échafaud !

On avait du tempérament dans cette famille. Le tempérament, la forte trempe dans le bien, quelquefois même dans le mal, quoi de plus normand !

Il n'y a pas longtemps que dans cette rue Pouchet on

apercevait à droite un petit édifice en pierre portant cette inscription : *Fontaine Gaalor*, un nom qui doit remonter haut? Mais nous aurons à reparler tout à l'heure de cette fontaine Gaalor, qui jaillit dans ce coin et qui alimente aujourd'hui l'étang et les cascades d'un très beau jardin public que dans un instant nous visiterons. En sortant de la gare, vous avez pu voir, en face de la rue Pouchet, une autre rue se dirigeant vers l'est, et peut-être dans cette rue avez-vous aperçu une église de très médiocre architecture (bâtie vers 1685), et, depuis peu, surmontée d'un clocher en zinc laborieusement ouvragé. On semble affectionner à Rouen les clochers métalliques. C'est l'église Saint-Romain, célèbre, malgré son peu d'apparence, pour la beauté de ses vitraux, vitraux du seizième siècle apportés là de deux ou trois églises aujourd'hui détruites. Ils sont charmants de finesse et le seraient bien plus si, trop étroits pour les fenêtres où on les a placés, ils n'avaient pas été encadrés d'une affreuse guirlande bleue, elle-même entourée misérablement de verre à vitre; mais nous aurons tout à l'heure de quoi nous consoler. Rouen est la ville aux vitraux, aux verrières, aux rosaces incomparables. Nous en rencontrerons bien d'autres dans nos promenades. Il y a aussi à Saint-Romain le très beau couvercle des fonts baptismaux ; ce couvercle, qui remonte à 1500, faisait partie des anciens fonts de Saint-Étienne-des-Tonneliers, détruits par les calvinistes en 1562. Mais, si nous nous arrêtons au détail, nous en voilà pour du temps, pour plus de temps que nous n'en avons : filons droit par la rue en face, dirigée vers le sud.

Vous voyez devant vous cette énorme tour? C'est la tour Jeanne-Darc et tout ce qui reste de l'ancien château de Philippe-Auguste. Cette tour ne fut pas la prison de Jeanne, comme on l'a dit quelquefois, mais Jeanne y fut interrogée, elle y fut mise en présence des instruments de torture et elle y fit à ses juges, à ses bourreaux, plusieurs de ses fières réponses restées, depuis quatre cent soixante ans, comme un éblouissement de l'histoire. C'est de là qu'elle partit, le 30 mai 1431, pour aller au supplice. Elle passa sous cette petite porte en ogive si parfaitement conservée. On ne visite point ce vieux et sombre donjon, on ne revoit point cette salle voûtée de l'interrogatoire sans un frisson indéfinissable. Malgré soi l'on reste étonné et respectueux au seuil de cette petite porte et sur ces quelques marches qu'elle monta et redescendit si pure et si fière.

Ce très beau donjon du château de Philippe-Auguste nous intéresserait aussi comme spécimen très bien conservé de l'architecture militaire du commencement du treizième siècle. Mais n'oublions pas combien est grand le nombre des édifices, des curiosités de tout genre et de premier ordre que nous avons à voir ici, et combien nous avons par conséquent peu de temps pour chacun. Nous voilà sur un des beaux boulevards de la ville, au point même où tant de faits éclatants furent accomplis par Alain Blanchard, par Ricarville et tant d'autres, dans la longue et sanglante lutte contre les Anglais. L'histoire de France et l'histoire d'Angleterre eurent, sur ce point, quelques-unes de leurs péripéties les plus tragiques. Le sort des deux peuples se trouva plus d'une fois en jeu au pied de cette forteresse encore debout.

— Mais quelle est, devant nous, cette belle et large rue toute moderne et qui semble du nord au sud, en la descendant, traverser toute la ville ?

— Elle la traverse, en effet, des boulevards à la Seine : c'est la rue Jeanne-Darc. Nous la suivrons, si vous le voulez bien ; mais que de stations à droite et à gauche nous devrons y faire !

A peine y sommes-nous engagés que voici, à droite, une petite rue et, dès l'entrée de cette rue, une église ; ici encore, d'admirables vitraux du seizième siècle, dont l'un a été exécuté d'après les dessins de Jean Cousin ; il se trouve à gauche du chœur, en regardant l'orient, et représente *le Triomphe de la loi de grâce*. Un autre de ces vitraux est consacré à saint Patrice, l'apôtre de l'Irlande, patron de l'église où nous voici arrêtés. On y voit le saint forçant un voleur de brebis à confesser sa faute en bêlant comme les brebis. Les bêlements sont inscrits sur le vitrail : *Méé! méé!* et ce vitrail est une merveille.

Pour apercevoir de la rue Jeanne-Darc cette église, nous avons dû diriger nos regards à droite ; mais si nous les dirigeons maintenant à gauche, vers une autre rue, située sur le prolongement de la rue Saint-Patrice, nous découvrons une troisième église, Saint-Godard, construite, comme sa voisine, au seizième siècle, assez délabrée au dehors ; mais au dedans, voyez ces vitraux. En voici un qui représente la généalogie de la Vierge Marie, exécuté, d'après la tradition, sur un carton de Raphaël. La grande verrière placée au-dessus de l'autel, dans la chapelle Saint-Pierre, représente plusieurs épisodes de la vie de saint Romain : bien entendu, on y voit le célèbre archevêque combattre, vaincre et tuer la *Gargouille*, par l'entremise du prisonnier légendaire. Tout près de Saint-Godard, sur la gauche en sortant, c'est encore une église, Saint-Laurent (elles étaient à Rouen les unes sur les autres) ; celle-ci n'est plus à l'usage d'aucun culte, mais elle n'en est pas moins la plus jolie que nous ayons encore vue. Sa tour seule suffirait à en faire un bijou architectural : c'est la Renaissance en toute sa grâce, et rarement l'architecture exprima mieux l'espoir, le sourire d'un monde qui se sent *renaître*. La balustrade qui d'un côté sert de décoration au bel édifice, dit très bien cet espoir. Formée de lettres gothiques, elle figure ces quatre mots latins :

Post tenebras spero lucem (1).

Cette jolie église, naguère encore propriété privée d'un carrossier, servit longtemps de magasin à voitures ; puis d'écuries et de logement à des rempailleurs de chaises, à des menuisiers, à un bouquiniste, à des repasseuses, et c'était un spectacle que leurs chemises étendues sous l'ogive ! Des locataires s'étaient établis jusque dans la délicieuse tour. On y voyait aux fenêtres des rideaux et

(1) « Après les ténèbres j'espère la lumière. »

des pots à fleurs ; quelquefois, au-dessous de la balustrade gothique, un écriteau : *Boutique à louer*. J'ai vu cent fois les étrangers (Anglais surtout) s'indigner d'un tel vandalisme et ne pas comprendre qu'un édifice de cette importance et de cette beauté ne fût pas ou propriété de la ville, ou propriété de l'État. Son possesseur pouvait démolir cette tour, un des ornements de la ville ; il pouvait à son gré en faire une carrière, comme on l'a fait pour la splendide abbaye de Saint-Wandrille. Heureusement cet état de choses a changé. Saint-Laurent est aujourd'hui propriété de la Ville.

— Mais quel est, devant Saint-Godard et Saint-Laurent, cet énorme quadrilatère de bâtiments neufs ?

— Le nouveau Musée-Bibliothèque. Oh ! il y a là-dedans des richesses de quoi vous retenir des mois et des mois. Riche musée de peinture, bibliothèque de cent cinquante mille volumes, dont une partie recueillie par un des plus fervents et des plus habiles bibliophiles contemporains, M. Leber. Le catalogue de la collection Leber est lui-même un ouvrage plein d'intérêt, qui se fait lire presque avec passion. Mais que d'autres collectionneurs de mérite ont contribué à la formation de cette bibliothèque ! Que de merveilles elle renferme en tous genres ! N'y entrez pas, si vous n'y pouvez séjourner ; donnons seulement un coup d'œil à sa vaste et magnifique salle de lecture. Mais entre le Musée et la Bibliothèque, voici la céramique : c'est là encore que Rouen triomphe. Et puis, devant la façade principale de l'édifice, arrêtons-nous pour regarder un instant le joli jardin.

Eh bien, il y a trente-cinq ans, tout ce vaste emplacement était occupé par un inextricable enchevêtrement de ruelles tortueuses, bizarres et surtout infectes. Là s'étaient entassés depuis des siècles les tanneurs et corroyeurs de la ville ; là coulait la *Renelle*, petit ruisseau formé par les eaux de la source Gaalor, qui, préalablement, traversait et desservait le château de Philippe-Auguste.

Rouen avait, en ce quartier de la Renelle, un de ses coins les plus pittoresques et les plus étranges. Je ne lui ai connu de comparable que l'ancienne *rue des Savetiers*, où l'on était comme au milieu de Saint-Flour ; on y portait le costume d'Auvergne, on y parlait auvergnat, on vivait, travaillait, cuisinait, dînait et se reposait dans la rue. La rue n'appartenait pas au public, dans l'esprit de ces braves Auvergnats, elle leur appartenait à eux seuls ; ils y installaient leurs ateliers, leurs marchandises, leurs tables de famille, et si d'aventure une voiture s'y risquait qui ne fût pas pour eux, ils lui faisaient signe de prendre la rue voisine.

Que les temps sont changés ! Non seulement aujourd'hui tout le monde entend bien que la rue n'appartient pas à ses habitants, mais que même elle n'appartient pas à la Ville. Elle est au roi Tout-le-monde : le passant, le Seigneur passant, d'où qu'il vienne, y peut librement circuler. Au moyen âge les habitants d'une rue, le soir, la fermaient de chaînes ; ils y étaient chez eux ; chacun d'ailleurs se considérait absolument comme propriétaire de *sa devanture* jusqu'au ruisseau qui séparait la rue au milieu. Il y a soixante-dix ans, les étalages de beaucoup de marchands, même en des rues très fréquentées, s'avançaient de part et d'autre de façon à ne laisser qu'à peine un étroit passage aux voitures.

Ce groupement des corporations dans une même rue n'était point particulier aux seuls savetiers : d'autres professions avaient ainsi leur clan réuni en un coin de la ville, et c'est ce qui explique les noms de certaines rues : rue Ganterie, rues des Vergetiers, des Bonnetiers, des Épiciers, des Parcheminiers, rue des Boucheries-Saint-Ouen, rue de la Renelle-des-Maroquiniers, rue des Penteurs, rue Quai-aux-Celliers (marchands de cidre), rue des Faulx, où s'étaient installés la coutellerie et la brosserie.

Je vous parle ici du Rouen d'autrefois, mais revenons au Rouen actuel et continuons à descendre la rue Jeanne-Darc : depuis la gare d'arrivée nous n'avons pas fait encore un demi-kilomètre, et dans ce peu d'espace nous avons trouvé les éléments d'un traité de la peinture sur verre avec les vitraux de Saint-Romain, de Saint-Patrice, de Saint-Godard, auxquels s'ajouteront tout à l'heure ceux de Saint-Vincent, de Saint-Ouen et de la cathédrale, traité qui a été écrit, en effet, et publié il y a soixante ans par Hyacinthe Langlois, l'incomparable dessinateur de nos merveilles locales.

La tour Jeanne-Darc, les souvenirs de la *belle Lorraine*, les souvenirs du château de Philippe-Auguste, la fontaine Gaalor, la tour Saint-Laurent, c'est déjà la matière de tout un cours d'histoire.

Mais avançons de quelques pas : une large place

s'ouvre à notre gauche, au fond de laquelle toute une cristallisation de pyramides, tourelles, clochetons, festons, dentelles, guipures en pierre, entremêlés de bêtes fantastiques, de dragons, chimères, gargouilles hurlantes. C'est le Palais-de-Justice, si bien restauré et achevé dans ces derniers temps par un très habile architecte, M. Lefort. Entrons dans la cour, ne fût-ce que pour voir la tourelle octogone qui occupe le milieu de la façade intérieure. Ces merveilles remontent au règne de Louis XII. Elles datent de 1499, sauf l'ancienne *salle des Procureurs*, aujourd'hui *salle des Pas-Perdus*, qui précéda de quelques années les autres parties. La salle où se tiennent les séances de la cour d'assises est une des plus belles de France; son plafond en chêne noirci, formé de compartiments et caissons, entremêlés de rosaces et d'ornements en bronze doré, est d'un effet vraiment extraordinaire.

Mais, une fois encore, revoyons l'extérieur de l'édifice. Légèreté, grâce, bon goût, voilà ce qui saisit dans cette richesse d'ornementation. Le gothique, arrivant ici au bon sens, sait enfin joindre à l'élégance la solidité. Les contreforts, âme de l'édifice, ne sont plus exposés aux intempéries, aux colères et vengeances populaires, ils sont avec soin, avec art, dissimulés et abrités dans les murs, ce qui n'empêche pas qu'ils ne se terminent, eux aussi, par d'élégants et hardis clochetons. Ainsi se reforme l'ornementation aérienne qui semble rattacher au ciel le palais puissant et gracieux. Oh! que voilà bien notre architecture française, laquelle eut surtout sa manifestation dans les monuments civils! grâce et raison en sont le trait distinctif; la partie principale (celle qui regarde vers le sud) fut construite, en effet, par un architecte français, Roger Ango.

Mais le temps nous manque pour les détails historiques. Reprenons notre marche, elle ne sera pas d'une bien longue haleine : à moins de cent pas va se présenter un autre monument, moins important, mais non moins caractéristique de cette ville étrange, où l'art, l'histoire et la fantaisie sont partout. Saluons le *Gros-Horloge*. Un arc triomphal supporte l'énorme cadran au-dessous duquel passe une des rues les plus animées de la cité normande. Tout est bergerie dans la décoration de cet arc : au centre un berger de grandeur colossale au milieu de tout petits moutons : c'est aussi un mouton qui indiquait l'heure à l'extrémité de l'unique aiguille. La jolie idylle en pierre reproduite il y a soixante ans par Hyacinthe Langlois a été depuis gravée par un autre de nos compatriotes, Brévière. Mais nul dessin ne peut impressionner comme la vue de ce *Gros Horloge*, de son arc et de la tour élancée et gracieuse à laquelle *il (le Gros)* est adossé. Les Rouennais ont mis en évidence leur sagesse en disant *Gros Horloge* : un tel édifice ne pouvait être que masculin. Il n'y a pas bien des années encore qu'aux encoignures de la rue on lisait *rue du Gros-Horloge*; mais aujourd'hui nous nous piquons d'orthographe et l'on a mis partout *rue de la Grosse-Horloge*; il n'est pas cependant un Rouennais, vraiment rouennais, qui tous les soirs ne règle sa montre sur le *Gros*, lorsque de sa *cloche d'argent* il sonne à neuf heures le couvre-feu prescrit par l'ancien duc Guillaume. D'anciens dictionnaires français, au mot *horloge*, portaient cette mention : Substantif féminin partout, excepté à Rouen. Une très ancienne caricature rouennaise représentait un gros homme bourrant de louis d'or le fourreau d'une épée, et au-dessous on lisait : *Le gros horloge* (or loge) *à la place d'armes*. Au bas de la tour et presque sous l'arc où siège le *Gros*, une fontaine gracieuse et légère vous représente Alphée et Aréthuse versant ensemble leurs ondes. Ce sont, vous le voyez, des monuments entassés les uns sur les autres. La tour du beffroi est de la fin du quatorzième siècle; l'arc et le *Gros* sont de 1527; la fontaine est de 1732. D'un seul coup d'œil vous voyez tout cela devant vous; et ce n'est pas tout, car, à l'opposé de la tour, par l'ouverture de l'arc, vous apercevez l'ancien Hôtel-de-Ville, vaste construction des premières années du dix-septième siècle (1608, je crois). La rue à laquelle le *Gros Horloge* a donné son nom était autrefois une des plus importantes de la ville. On l'appelait rue de la Vanterie : elle était habitée en grande partie par la corporation des marchands drapiers. Or les marchands drapiers ne vendaient pas seulement leur drap, ils le fabriquaient, et même dans les champs voisins de la ville ils élevaient les moutons dont ils employaient la laine. Rappelez-vous le drapier et son berger Agnelet dans la farce de Pathelin.

Les drapiers de la rue de la Vanterie se payèrent donc le luxe *du* monumental horloge. De là cette bergerie et cette image du *Bon Pasteur* avec la légende évangélique :

Bonus pastor animam suam donat pro ovibus suis. « Le bon pasteur donne son âme pour ses brebis. » Quel meilleur texte les maîtres drapiers pouvaient-ils prêcher à leurs bergers ? Ajoutons que les drapiers n'habitaient pas seuls la rue de la Vanterie, que quelques sculpteurs sur bois et huchiers s'y entremêlaient, lesquels n'avaient rien de plus à cœur que de se faire des maisons en bois sculptées, fouillées, ciselées, de la base au sommet. Ces maisons leur servaient d'enseigne en montrant ce que chacun d'eux savait faire, et c'était à qui surpasserait ses confrères. Quelques-unes de ces maisons en bois, véritables huches, véritables bahuts sculptés, existaient encore il y a peu d'années ; elles ont été démolies lors du percement de la rue Jeanne-Darc ; mais l'une d'elles a été conservée et transportée dans le petit square Saint-André, auquel nous arriverons tout à l'heure ; les huchiers, unis aux drapiers, prirent part à l'édification du *Gros*, et leur trace est visible encore dans l'ornementation en bois sculpté du cadran.

Disons un mot de l'horloge *lui*-même, en tant qu'œuvre d'horlogerie. Son mécanisme, qui remonte à l'année 1389, avait précédé de beaucoup la tour qui le renferme, l'arc qui traverse la rue, l'ancien Hôtel-de-Ville et la jolie fontaine.

Le *Gros Horloge* de Rouen est le plus beau et, je crois, le plus ancien spécimen de l'horlogerie primitive. Il marche depuis plus de cinq cents ans, et cela sans interruption et presque sans réparation. Œuvre d'un horloger habile, Jehan de Felins, son histoire a été écrite par un autre horloger rouennais, M. Hainaut, non moins habile et certainement plus érudit et plus avancé dans son art. Mais l'*auloge* de Jehan de Felins n'en est pas moins une merveille de solide et délicate construction. Il n'a subi en cinq siècles qu'une modification, lorsqu'on y appliqua le balancier, plus d'un siècle après la découverte par Galilée de l'isochronisme du pendule. Cette application du nouveau régulateur n'eut lieu qu'en 1712, mais elle n'entraîna aucune modification de l'ancien mécanisme.

Une partie seulement de ce mécanisme a souffert, c'est la commande qui des rouages va faire marcher l'aiguille du cadran; mais cette commande ne fut point l'œuvre de Jehan de Felins : elle est d'une époque très postérieure.

« Cette horloge, dit M. Hainaut, ne semble pas s'user... Elle marche toujours, quand toutes celles de la même époque sont depuis longtemps anéanties... » Que d'heures funestes et glorieuses elle a marquées! Ses imposants rouages tournaient déjà depuis quarante-deux ans, lors du supplice de Jeanne Darc, dont peut-être son aiguille, hélas! donna le signal.

Quelques-unes de ses roues ont plus d'un mètre de dimension; elles sont en fer brillant et poli par places. M. Hainaut pense que malgré son grand âge elle pourra survivre encore à la plupart des horloges modernes.

L'histoire authentique du *Gros* est aujourd'hui connue dans un tel détail que la liste a pu être dressée des horlogers (au nombre de vingt) qui l'ont soignée depuis, et y compris Jehan de Felins jusqu'à son directeur actuel,

Nous avons eu, depuis la même époque, une quinzaine de rois, deux empereurs et deux républiques. Nous en pouvons conclure qu'à diriger sagement une horloge on ne vit pas moins vieux qu'à diriger les nations qui, d'ailleurs, n'ont pas toujours dans leurs ressorts la régularité du *Gros*.

Son constructeur, Jean ou Jehan de Felins ne peut certainement pas être comparé pour la science mécanique à nos constructeurs contemporains de chronomètres et autres instruments de précision, mais il nous montre à quoi l'on peut arriver sans beaucoup de savoir en travaillant avec le respect et de soi-même et de son œuvre.

Cette horloge toute primitive a donc marché cinq cents ans avec précision et sans usure. Ses rouages paraissent neufs et peuvent aller encore plusieurs siècles, dit M. Hainaut, de sorte que la plus vieille horloge de France s'en trouve être aussi la plus jeune et la plus durable, après avoir tant duré.

Ajoutons que l'horloger Lepaute, qui s'est cru le premier inventeur des horloges horizontales, se trompait. Jean de Felins l'avait devancé de plus de quatre siècles.

Mais quittons et le *Gros Horloge*, et son arc, et sa tour, et la jolie fontaine ; suivons la rue Jeanne-Darc, nous arriverons tout de suite au square Saint-André, déjà cité plus haut.

Le square Saint-André n'a pas seulement à nous montrer sa tour seizième siècle, rivale et voisine de la tour Saint-Laurent (les tours, à Rouen, se rencontrent partout), il nous conserve une des maisons en bois si bien sculptées par les huchiers-imagiers de la rue de la Vanterie.

C'est un des bijoux locaux devant lesquels s'arrêtent le plus volontiers les touristes. Mais cette huche monumentale, qui remonte au quinzième siècle, je l'ai connue dans la rue du Gros-Horloge ; elle y avait pour compagne, à quelques pas, une autre maison seizième siècle beaucoup plus vaste et dont la façade était un gracieux mélange de sculptures en bois et en terre cuite. La céramique s'y était ajoutée à l'art des huchiers. Les sculptures de cette maison, en l'un et l'autre genre, étaient d'ailleurs, au point de vue artistique, bien supérieures à celles de la maison conservée. Il ne reste malheureusement rien de cette façade d'une habitation quasi princière. Elle avait pourtant, cette habitation, toute une aimable histoire : Fontenelle avait été un de ses hôtes habituels ; il avait écrit *la Pluralité des mondes* pour la maîtresse de cette maison, Mme de la Mésangère, fille de Mme de la Sablière, la célèbre amie de La Fontaine.

Maintenant voyez, à cinquante mètres de la tour Saint-André et de sa vieille maison, une église seizième siècle, d'architecture légère et gracieuse, la plus jolie de celles que nous ait encore présentées notre promenade ? c'est Saint-Vincent. Ici encore d'admirables vitraux. En voici un, le plus célèbre de tous, qui représente le miracle de saint Antoine de Padoue avec son âne obéissant au saint et s'agenouillant devant l'hostie;..... sur cet autre, la Vierge au milieu des apôtres, peinte, à ce qu'on assure, sur un carton d'Alber Dürer...

Avais-je raison de dire que toute promenade dans Rouen est une leçon d'histoire et d'esthétique ? La seule rue Jeanne-Darc ne vient-elle pas de nous en offrir la preuve suffisante ? Ce qui surtout nous y apparaît mieux qu'en aucune chronique et qu'en aucune histoire, c'est le renouvellement universel qui s'opère du quinzième au seizième siècle. Aussi pourrai-je vous produire sur les monuments, sur les curiosités, sur les souvenirs qui se sont présentés dans le parcours de cette seule rue, des volumes, mémoires, brochures, de quoi emplir une vaste salle. Les vues, dessins, peintures du Rouen disparu et du Rouen actuel se trouvent en si grand nombre à la bibliothèque de Rouen que l'on y a créé une galerie d'estampes relatives à l'histoire locale...

Mais nous voici au bas de la rue Jeanne-Darc ; nous voici sur le quai. Traverserons-nous la Seine sur l'un des deux ponts ou par le bac à vapeur, et visiterons-nous sur la rive gauche le Rouen moderne, le Rouen des grandes industries ? Non. Nous nous en tiendrons aux lieux, aux curiosités que le public est admis à visiter. Les établissements industriels sans doute nous intéresseraient grandement, mais il nous faut respecter la propriété privée, qui d'ailleurs n'est pas toujours belle à voir. Tenons-nous-en à la rive droite, elle a de quoi nous satisfaire. Nous voici donc sur le quai, au bord de la Seine, couverte de navires réunis de tous les pays du monde ; admirons la beauté du coup d'œil en amont et en aval : en amont, la côte Sainte-Catherine, Bonsecours, et toute une suite de riants mamelons ; en aval, les coteaux de

Canteleu. Mais suivons les quais en remontant vers l'est et arrivons à la fameuse rue Grand-Pont : étroite, obscure, tortueuse, mais resplendissante de magasins de luxe, bijoutiers, orfèvres, confiseurs, marchands de nouveautés, elle nous conduira en quatre minutes à la cathédrale, à l'immense cathédrale.

III

CATHÉDRALE TOUJOURS DÉTRUITE ET TOUJOURS REBATIE
HOTEL DES FINANCES
PLACES DE LA HAUTE ET DE LA BASSE-VIEILLE TOUR

L'avouerai-je ? en mes jeunes années, la vue de la cathédrale me fut quelquefois un indice de l'immensité de l'histoire, comme la mer m'était un indice de l'immensité de l'espace. Aussi, en combien de circonstances diverses, heureuses ou pénibles, l'ai-je parcourue en tous ses coins et recoins, à tous ses étages, à toutes ses galeries, en sa flèche élancée dans les airs ?... Vous parler en quelques détails de cette montagne d'édifices et d'architectures juxtaposés, superposés, entre-croisés, est-ce possible ? Oh ! l'histoire de la ville ici et l'histoire de France passeraient tout entières.

Entrons d'abord et voyez ce caractère de grandeur dominatrice et imposante. En quel monument avez-vous vu mieux se manifester la puissance sacerdotale ? Vous en êtes, pour ainsi dire, écrasé, et le temple se grandit de votre anéantissement personnel. Aussi croirais-je mentir et proférer un blasphème en vous disant que sa longueur est de 136 mètres, sa largeur de 32 mètres 30; que ses voûtes ne sont qu'à 28 mètres au-dessus de son dallage. Ce qui réellement vous saisit, au milieu de cette forêt architecturale, c'est l'*incalculable :* incalculable effort de volonté, d'élan, de sacrifices volontaires et forcés; incalculables dépenses, insondable poésie, impénétrables mystères de la vie : espoirs, désespoirs sans fin, cris d'allégresse et d'horreur, tout ce qui n'a ni compte ni mesure possible.

Les archéologues, les historiens, les artistes passent et passeront : l'un s'en tient aux resplendissantes verrières du treizième au seizième siècle, et fait sur les vitraux de la cathédrale de Rouen un traité plein d'art et d'érudition. Un autre ne prend que les stalles où sont représentés tous les métiers, toutes les professions, et en compose un livre que depuis soixante ans on relit toujours. Un troisième décrira les tombeaux. D'autres auront quelque jour les cloches, si nombreuses et dont plusieurs, si célèbres, ne fût-ce que *Georges-d'Amboise,* la plus grosse qu'il y ait eu en France. La tour Saint-Romain s'appelait autrefois *la Tour aux onze cloches.* Son carillon formidable, aux jours de fête, s'entendait de trois ou quatre lieues.

Eh bien, toute cette grandeur, toute cette puissance, ces colonnes hardies et triomphantes, ces tours, ces clochetons, ces arcs, ces pyramides, tout ce *Te Deum* architectural, la nature entière et les hommes n'ont cessé de leur faire une guerre acharnée; des ruines et des ruines ont précédé ce que vous voyez, et même aujourd'hui, pour le maintien de ces merveilles, un monde d'architectes, de maçons, de tailleurs de pierre, de sculpteurs, d'artistes en tous genres, doivent les entourer de leurs soins et de leurs restaurations incessantes ; des cathédrales et des cathédrales, des générations de clochers, de tours, de flèches ont précédé celles-ci.

La première église bâtie sur cet emplacement par saint Mellon, de 260 à 270, avait déjà disparu dès le commencement du cinquième siècle. Saint Victrice la reconstruit, et tout d'abord on n'y voit que tragédie : l'archevêque Prétextat assassiné par ordre de Frédégonde. Moins d'un siècle se passe : des réparations sont nécessaires. Saint Romain en profite pour un agrandissement de l'église, qui dès 942 sera agrandie encore par Richard de Normandie. Quatre-vingts ans plus tard elle est en ruines. Robert de Normandie entreprend sa réédification sur nouveaux fondements, et vers le milieu du onzième siècle Guillaume le Conquérant l'achève. En 1117 la nouvelle église est foudroyée. Quatre-vingt-trois ans plus tard (en 1200), la veille de Pâques, alors que tout s'y prépare pour solenniser la Résurrection, la voilà détruite par un incendie.

Rebâtie aussitôt, elle est refoudroyée en 1284, et de nouveau reconstruite, après avoir duré tout au plus une vie d'homme. La chapelle actuelle de la Vierge est un dernier vestige de cette reconstruction.

En 1509 une effroyable tempête ébranle le grand portail, qu'on est obligé de réédifier en 1530.

En 1623, nouvel ouragan : trois tourelles renversées et tout l'édifice ébranlé.

La fureur des hommes, elle aussi, se déchaîne contre l'édifice. En 1562, les huguenots détruisent le portail de 1530.

Quant à la célèbre flèche de Robert Becquet, achevée, je crois, en 1544, elle est atteinte par la foudre en 1625, en 1627, en 1642, et ça n'est pas fini. En 1768, nouveau coup de tonnerre. On achève de restaurer la flèche en 1808, et la voici de nouveau foudroyée, incendiée, totalement détruite, le dimanche 15 septembre 1822.

Je l'ai vue, la fière cathédrale, misérablement effondrée, hurlante au milieu des flammes, vomissant le métal incandescent : plomb, fer, cuivre, par toutes ses gargouilles, menaçant de sa ruine une foule éperdue. La voyez-vous cependant réédifiée et devenue l'un des monuments les plus élevés qu'il y ait au monde? Sa flèche en fer s'élève à 151 mètres 12 au-dessus du sol.

Pourquoi ne vous rappellerais-je pas une visite faite, il y a quarante ans, dans la cathédrale, avec l'historien Michelet et le statuaire Auguste Préault? Michelet nous expliquant le monument, eut à nous refaire l'histoire du moyen âge et de la Renaissance. Préault, saisi d'enthousiasme et d'émotion devant la statue de Brézé couchée sur son tombeau, nous rappela les plus grandes œuvres de la statuaire antique et moderne, parmi lesquelles devait être classée, selon lui, cette statue de Brézé, attribuée à Jean Cousin. L'art français, disait-il, n'a rien ni de plus parfait ni de plus pathétique.

L'historien, déchiffrant et nous apprenant à déchiffrer ces chroniques en pierre, en marbre, en fer, faisait revivre à nos yeux tout un monde ; mais quels commentaires ajoutés par Michelet aux révélations de cette chronique architecturale, qui, de la tour Saint-Romain à la flèche actuelle (œuvre de l'ingénieur Alavoine), nous conduit du quatorzième au dix-neuvième siècle ; de l'ogive presque naissante aux grandes constructions en fer, application discordante, mais hardie, de l'architecture métallique à l'art gothique.

Donnons, si vous le voulez bien, un coup d'œil au dehors ; ressortons par où nous sommes entrés, c'est-à-dire par le grand portail, et contournons l'église à droite par la vieille rue du Change. Voici la formidable *Tour de Beurre*, bâtie au seizième siècle, si l'on en croit la légende, avec les produits tirés d'une permission de manger du beurre en carême. Voyez l'amas immense de pyramides, de clochetons, de contre-forts, de bêtes apocalyptiques, et la flèche d'Alavoine, et le merveilleux portail de la Calende et ses sculptures entassées... L'œil, pour tout embrasser, doit s'élever du sol jusqu'au ciel.

Vous avez devant vous la cathédrale en son plus prodigieux développement. Mais regardez à gauche, vous apercevrez un bijou renaissance, l'ancien *Bureau des Finances*, élégante et fine construction du seizième siècle. N'en approchez pas trop ! L'indignation, la douleur s'empareraient de vous, si vous aperceviez les enseignes, les ignobles enseignes d'un magasin d'habits, installé dans ce palais de fées.

Regardez plutôt à droite; une autre église vous apparaît : Saint-Maclou. Tournez un instant le dos à la cathédrale, deux rues étroites descendent en serpentant; c'est le vieux Rouen en l'un de ses points les plus pittoresques. La rue de gauche, *rue de l'Épicerie*, a été cent fois dessinée et partout reproduite pour sa singularité. Nous allons la descendre; mais auparavant un dernier coup d'œil à ce qui nous entoure. Peu de villes en Europe ont un carrefour comparable.

Nous retrouverons dans quelques instants la cathédrale; présentement nous nous laissons entraîner vers la rue de l'Épicerie. Elle nous conduit sur une place appelée *place de la Haute-Vieille-Tour*. Là fut autrefois le château des anciens ducs de Normandie. Démoli par Philippe-Auguste, qui le fit reconstruire au nord de la ville, où la tour Jeanne-Darc nous en a offert un dernier spécimen; transplanté ainsi du sud au nord, il fut plus tard reporté tout à fait à l'ouest et sur le bord de la Seine comme le premier. Mais nous sommes sur l'emplacement de ce premier château, bâti en 996 par Richard Sans Peur et détruit, comme j'ai dit, par Philippe-Auguste, en 1204.

Dès le treizième siècle, on construit, sur le terrain qu'il avait occupé, les halles de la ville, qui, depuis cette époque, plusieurs fois rebâties, agrandies, modifiées, offrent encore un spectacle curieux. La place que ces bâtiments entourent offre, surtout le vendredi, jour du marché, un coup d'œil des plus pittoresques et des plus imprévus par l'animation, le va-et-vient, le bric-à-brac bizarre de tout ce qui s'y vend ou ne s'y vend pas. Quant aux bâtiments, ils sont maintenant occupés en partie par un très beau musée industriel. Au bâtiment principal est adossé l'ancien *monument de Saint-Romain* où, chaque année, le jour de l'Ascension, un prisonnier était délivré après avoir soulevé la châsse qui renfermait les reliques du saint. Cela donnait lieu annuellement à une superbe procession, où figuraient en grande pompe le clergé des trente-deux paroisses de la ville et toutes les autorités et tous les corps d'états. Vu de la place, le coup d'œil devait être magnifique, et quand, avec le prisonnier délivré et couronné de fleurs aux acclamations de la foule, la longue procession remontait la rapide et tortueuse rue pour rentrer à la cathédrale au bruit des cloches de toute la ville (si bien décrit par Michelet dans son histoire de Jeanne Darc), c'était un spectacle qu'on n'oubliait pas et dont la population rouennaise attendait impatiemment le retour.

M. Floquet nous a fait en un beau volume l'histoire de ce privilège de la fierte de saint Romain qui se conserva jusqu'à la Révolution.

Au-dessous du gracieux édicule seizième siècle, une voûte nous conduit à une autre place, moins vaste, dite *place de la Basse-Vieille-Tour*. Après un coup d'œil à ces halles sombres, étranges et mystérieuses, remontons, pour la voir dans toute sa singularité, cette rue de l'Épicerie, avec sa cathédrale en perspective. Rouen n'a mieux conservé en aucun point son aspect moyen âge. Voyez au bas de la rue à gauche le petit coin étrange appelé le

Marché aux Balais. Tout ceci est comme une vision des anciens temps. Mais, en regardant curieusement autour de nous, à gauche, à droite et devant et derrière, nous voici revenus au portail de la Calende. Suivons la rue à droite, ayant à notre gauche l'archevêché et dirigeons-nous vers Saint-Maclou... En trois minutes nous y serons, même en marchant à petits pas.

IV

SAINT-MACLOU. — LA DANSE DES MORTS

Que n'a-t-on pas dit sur ce bijou de Saint-Maclou, sur la richesse et la profusion de ses sculptures, sur la disposition si singulièrement heureuse de son grand portail, offrant cinq issues, sur la fantaisie qui règne en son bel ensemble? Si les fées, si les lutins et les gnomes ont eu en ce monde un palais ou un temple, c'est ici. Que de fois, au clair de lune, j'ai cru, dans mon enfance, les voir sauter et gambader d'une pyramide à l'autre!

J'ai appelé Rouen quelque part (1), *la Ville aux trois cathédrales;* celle-ci, la plus petite, est entre ses deux sœurs, Saint-Ouen et Notre-Dame, un trait d'union tout à fait digne de relier l'une à l'autre. Ces trois églises, trois merveilles, nous montrent l'art gothique dans toute sa variété : puissant, sombre et dominateur à Notre-Dame;

(1) *Rouen, promenades et causeries.*

riche, élégant, coquet et plein de fantaisie à Saint-Maclou ;
nous verrons tout à l'heure la caractéristique de Saint-
Ouen.

Nous sommes pour le moment à Saint-Maclou et nous
n'en avons vu encore que l'extérieur. Nous allons y
entrer, mais pas tout de suite : les portes nous arrêteront
au passage, ces portes sculptées par Jean Goujon, portes
incomparables ! L'art de la sculpture sur bois est ici dans
tout son éclat, dans toute sa perfection : pureté, élégance
et vigueur en sont le trait distinctif. Il y a sur ces portes
des prophètes et des évangélistes qui ont tout au plus un
mètre de haut et qui semblent cependant égaler en grandeur ceux de Michel-Ange.

A l'intérieur nous admirerons l'escalier des orgues,
escalier renaissance, tout à jour, tournant délicieusement
sur lui-même. Oh ! c'est là que fées et lutins, la nuit,
peuvent s'en donner à cœur joie. Comme à la cathédrale
et à Saint-Ouen (nous le verrons tout à l'heure), ici
encore les éléments et les hommes se sont entendus pour
la destruction. Plusieurs églises ont précédé celle que
nous voyons. Avant 1200 ce n'était, paraît-il, qu'une
chapelle en dehors de la ville. Mais en 1200 ou 1203 (on
ne sait pas au juste) la voilà totalement brûlée. On la
rebâtit, et dès 1211 un nouvel incendie nécessite sa réédification. Cette troisième église se maintint un peu plus
de deux siècles. En 1432, devenue insuffisante à la population croissante, on entreprit de la reconstruire ; elle ne
fut achevée que vers 1480 ; mais son clocher, fortement

ébranlé par la tempête en 1706, fut tout à fait détruit quatre-vingts ans plus tard.

Rien n'est curieux comme ces histoires d'églises gothiques. Toujours en démolition, en ruine, en reconstruction et, jusqu'au quinzième siècle, se relevant toujours plus belles, sans se corriger pourtant de leur peu de solidité.

Nous sommes entrés par le grand portail, sortons par le portail du nord : nous voici dans la rue Martainville, à vingt-cinq pas de l'*aître Saint-Maclou*, le cimetière moyen âge qu'on ne saurait même aujourd'hui parcourir sans un vague frisson. Partout l'image de la mort : pelles, pioches, fosses, ossements épars, tombeaux, squelettes sculptés sur les poutres en bois, sur les piliers..... Sur ces piliers, la mort est représentée emportant ici un jeune gentilhomme, là une élégante, fière et belle *damoiselle*, ailleurs un évêque, un moine. Hyacinthe Langlois a écrit tout un ouvrage en deux volumes sur cette *Danse des Morts*.

Nous avons vu déjà plusieurs fois et nous allons voir encore que nulle part le moyen âge n'a laissé plus qu'ici son empreinte et des traces plus palpitantes de son histoire et de son esprit. Ce cimetière Saint-Maclou, avec son appareil d'épouvante, nous en offre un des plus curieux spécimens. Aucune religion n'a joué de la Mort comme le christianisme. Il ne se complaît pas seulement à en étaler partout l'image, il paraît se réjouir de sa réalité. On dirait vraiment qu'il l'a cultivée à plaisir. Les images du cimetière Saint-Maclou, où l'on voit la Mort emporter les vivants, ne sont que l'expression naïve de ce qui se passait. Écoutez Langlois au début de son livre :

« Puisque nous sommes encore au sein du Rouen de cette époque, apprenez que, dans cette enceinte de hautes murailles et de fossés profonds, le mort infecte continuellement le vif..... »

« ..... Outre que chaque église est elle-même un véritable charnier, près de quatre-vingts cimetières sont enchâssés dans cette vieille et compacte cité.

« Or ces muguets en toque à plumet, en *braies* collantes, en pourpoint de satin, en manteline de velours, en souliers taillladés, que vous voyez caressant leur barbe ou filant leur moustache en souriant aux dames; ces dames si *cointes*, si *mignottes*,... ces hommes d'armes, ces marins,..., ces moines,... ces flots tumultueux de *menu populaire*, petites gens en casaque, en jaquette et en vertugade,... dans ces rues humides, étroites et tortueuses, où l'air est concentré, captif et sans ressort, tout ce monde, riche ou pauvre, aspire à longs traits les miasmes cadavériques qui s'élèvent de toutes parts en invisibles tourbillons. »

Les populations étaient ainsi tenues dans une opportune terreur.

Mais le temps presse. Retournons sur nos pas, c'est-à-dire regagnons par la rue Martainville le grand portail, auquel nous donnerons un dernier coup d'œil. Avançons quelques pas dans l'étroite rue à droite : c'est la rue Damiette (autrefois *rue de la Miette*). Mais n'allons pas encore de ce côté, suivons l'étrange rue qui se présente en face du grand portail Saint-Maclou, rue bordée, côté sud, par l'archevêché, rue sombre, humide, froide, impénétrable au soleil. Du reste, soleil et bon air étaient choses dont au moyen âge on se préoccupait peu. Les rues, larges de moins d'un mètre, serpentaient partout dans les ténèbres, dans la saleté et la puanteur. Suivons celle-ci, nous y retrouverons la cathédrale avec son *portail des Libraires*, son *Jugement dernier* et l'audacieuse flèche verticale au-dessus de nos têtes. Suivons et contournons l'église. Voici d'abord une des vieilles maisons de la ville, avec ses étages supérieurs avançant sur les inférieurs de telle sorte qu'aux jours de pluie on pouvait, devant sa porte, stationner, deviser ou travailler à l'abri. La maison se servait à elle-même de marquise, mais le soleil venait quand il pouvait. Continuons et suivons de la rue Saint-Romain à la *rue des Quatre-Vents*. Voici, au pied de la tour Saint-Romain, la *cour d'Albane*, un des points où l'édifice apparaît le mieux dans sa diversité, dans son entassement, dans sa complication d'architectures de quatre ou cinq siècles (du quatorzième au dix-neuvième).

Après cette promenade, après cette visite à la cathédrale, aux Halles, à Saint-Maclou, à son cimetière et à sa *Danse des Morts*, notre étude semblerait bien avancée sur le moyen âge ; eh bien, non ! Après avoir vu Rouen en ses manifestations puissantes et terribles, en ses féeries artistiques, il nous reste à l'apprécier en son élégance, en son inspiration spontanée, en son élan invincible, en sa beauté harmonieuse, si rarement exprimée. Nous pourrons tout à l'heure, à quatre minutes de la cathédrale, l'étudier de ce côté-là dans une œuvre unique de hardiesse et de beauté, je veux dire dans Saint-Ouen.

V

QUELQUES RUES PITTORESQUES. — SAINT-OUEN

Il faut prendre Saint-Ouen par le bon endroit et, pour cela, n'y pas aller directement. Faisons un détour à partir du parvis, devant le grand portail, montons la rue des Carmes, continuation de la rue Grand-Pont, que suit elle-même la rue Beauvoisine (qui conduit en Beauvoisis, c'est-à-dire à Beauvais). Ceci était autrefois la grande voie qui traversait Rouen du sud au nord. Au carrefour de la Crosse, elle coupait une autre longue voie qui, de l'est à l'ouest, traversait la ville sous les noms de rue Saint-Hilaire (en commençant par l'est), rue Saint-Vivien, rue des Faulx, rue de l'Hôpital, rue Ganterie et rue des Bons-Enfants.

Ces deux rues coupaient la ville en quatre quartiers à peu près égaux.

La même division s'est perpétuée presque sur les mêmes lignes par la création récente de la rue Jeanne-Darc (du sud au nord) et de la rue Thiers (de l'est à l'ouest), avec cette différence toutefois que la nouvelle voie de l'est à l'ouest ne part que de l'Hôtel-de-Ville, situé près de Saint-Ouen, tandis que l'ancienne voie partait de la porte Saint-Hilaire.

Les deux anciennes voies se croisaient, je l'ai dit, au carrefour de la Crosse. Mais nous quitterons la rue des Carmes quelques pas avant d'y arriver : nous prendrons sur la droite la *rue des Fossés-Louis-VIII*. C'est étroit, c'est sale et sans caractère, les anciennes bicoques moyen âge ayant été remplacées par des bicoques modernes ; mais continuons, ça devient de plus en plus étroit, laid et tortueux. On dirait une pauvre rue ivre, tant cela marche en zigzag, tant cela se soutient mal à droite et à gauche. Mais tout à coup la ruelle s'ouvre au milieu d'une large voie (rue de la République), et elle se continue de l'autre côté, toujours plus rétrécie, plus sombre, plus vacillante et plus ivre. Cette venelle aux maisons surplombantes, croulantes et baroques s'appelle, en cette partie, *rue du Petit-Mouton*, nom tiré sans doute de l'enseigne de quelque affreux bouge.

Il y a pour une ville, vous le voyez, autre chose que charme et profit à conserver certaines traces de moyen âge : on s'en aperçut bien à Rouen lors du choléra de 1832. Aussi, dès cette époque, commença-t-on la guerre aux quartiers infects, tels que l'antique Clos Saint-Marc, grouillement putride de gueux qui peut-être, pour la saleté, n'eut jamais rien d'égal.

Ce n'était plus seulement des rues étroites, c'était un méli-mélo d'allées noires et tortueuses conduisant à des escaliers, à des escabeaux, à des chambres sans toit, et tout cela communiquant de l'un à l'autre par d'ignobles percées. On chercha les propriétaires : il n'y en avait pas, on vivait là de père en fils dans une communauté, dans une promiscuité sans nom...

Un superbe marché bien aéré remplace aujourd'hui ce *clos*. Mais çà et là, dans le quartier Martainville, dont nous approchons, quelques traces encore se retrouvent de ces anciens cloaques.

La rue du Petit-Mouton, où nous voici engagés, peut-être à votre grand regret, va tout à l'heure si bien se rétrécir en ses sinuosités qu'à peine pourrons-nous la suivre jusqu'au bout, sans nous y salir à droite et à gauche... Enfin nous en voilà sortis et parvenus sur une place assez belle. Traversons-la ; mais s'il vous plait, ne regardez pas à gauche, vous apercevriez un coin de Saint-Ouen qui tout de suite vous attirerait, ce que je ne veux pas. Regardez au contraire tout à fait à droite : vous reverrez, non sans un grand plaisir, la vieille rue Damiette, que continue la rue Malpalu, avec ses maisons en bois, ses pignons pointus et son clocher Saint-Maclou. Vue de ce point, la rue Damiette est une des originalités de la ville ; son souvenir, j'en suis persuadé, vous restera dans l'esprit.

Mais entrons dans l'étrange rue qui s'ouvre devant nous... Du côté gauche, chaque maison n'est accessible que par un pont, et sous tous ces ponts, au nombre de plus de cent cinquante, rangés à la file, coule lentement une rivière qui dix fois par jour changeait de couleur : tantôt rouge, tantôt bleue, ou jaune, ou verte, ou noire, ou grise, ou violette. Dans l'espace de quatre kilomètres, depuis l'endroit où nous sommes jusqu'à Darnétal, elle avait sur ses bords tous les fabricants de toile de coton et tous les teinturiers de la ville. Cette petite rivière s'appelle *Robec*; elle a ses sources à Fontaine-sous-Préaux et à Saint-Martin-du-Vivier, un peu au-dessus de Darnétal. La rue de Rouen où elle coule sous tous ces ponts en a reçu le nom de *rue Eau-de-Robec*, « ignoble petite Venise », dit Gustave Flaubert. La rue n'est guère habitée, du moins en sa première moitié, que par des brocanteurs, qui profitent des ponts pour étaler au dehors leur friperie (souvent très amusante). Il y a soixante ou soixante-dix ans, c'était un des riches quartiers de la ville. Toute la *rouennerie* partait de cette longue rue pour se répandre sur tous les marchés du monde. Remarquez que ces maisons sont souvent très vastes et très hautes. Les exigences de la fabrication le voulaient ainsi. Elles étaient de plus surmontées de hauts et amples greniers ou séchoirs recouverts de grands toits qui avançaient de plusieurs mètres, de façon que la pluie ne pût atteindre le coton que l'on y étendait; de larges baies, qui depuis ont été closes pour la plupart, mais dont on voit fort bien les traces, permettaient d'allonger au dehors de grandes perches sur lesquelles le coton, dans les jours de beau temps, pouvait sécher au dehors. Rien ne saurait aujourd'hui donner une idée de ces cotons de toute couleur étendus au haut des maisons et s'avançant de cinq à six mètres, faisant voûte sur la rivière et sur la rue : le coup d'œil était quelquefois superbe. Et puis, on sentait en ces riches et vastes habitations une vie laborieuse. C'était le travail en famille. Entrait-on dans ces maisons : c'était d'abord la *tramerie*, où souvent la maîtresse de la maison, active, intelligente, avenante, parfois spirituelle et gaie et jolie (vraie Normande), dirigeait le travail, auquel même elle prenait part. Aux étages supérieurs se trouvaient les *ourdissoirs*, où quelquefois travaillaient le père et les enfants. C'était bruyant, c'était gai, c'était honnête. Ces *rouenneries*, si belles et si solides, étaient filées, teintes, ourdies et tissées en moralité, en probité : c'est là ce qui les rendait inusables et ce qui fit aux fabricants rouennais leur réputation européenne et universelle. Il y avait bien déjà une concurrence, mais c'était une concurrence d'habileté. Cette *rue Eau-de-Robec*, avec ses cotons suspendus, ses ponts et sa changeante rivière, et ses vastes séchoirs, avait donc un aspect unique. Mais ce n'est pas tout : des teintureries de toiles en pièces se mêlaient aux fabriques de rouenneries, et celles-là ne s'en tenaient pas au gracieux couronnement des cotons teints. Elles suspendaient leurs toiles en toute leur longueur, depuis la toiture jusque tout au bord de Robec ; et ces toiles qui descendaient, remontaient, majestueusement onduleuses, pour redescendre et remonter encore, présentaient un indicible spectacle, gai quelquefois si les toiles étaient de couleurs gaies ; mais lorsqu'elles étaient de couleur sombre ou même tout à fait noires, c'était effrayant.

Cotons au séchoir, toiles étendues, ponts, rivière tantôt rouge et tantôt jaune, hautes maisons, détours sinueux de cette longue rue, bruit de tramage et d'ourdissage donnaient à ce quartier un caractère unique.

Eh bien, croiriez-vous qu'un spectacle si pittoresque, si singulier, si instructif et, j'ajoute, si amusant, n'a pas laissé sa trace (du moins à ma connaissance) parmi les dessinateurs ou peintres de ce temps-là ! J'ai cherché sans succès une gravure, une lithographie, un dessin de ces maisons originales et laborieuses, je n'en ai pas trouvé. Nos artistes nous ont reproduit cependant des choses d'un bien moindre charme et d'un bien moindre intérêt, à le prendre même au point de vue historique. Le coton, c'est une partie de l'histoire de Rouen, du moins depuis le commencement du dix-huitième siècle, comme antérieurement l'avait été le drap.

Suivons donc quelque temps la *rue Eau-de-Robec*. Nous n'y avons pas fait cent cinquante pas que nous trouvons à droite la *rue de la Grande-Mesure* : encore un reste impur du vieux Rouen. Regardez de l'entrée cette rue, c'est assez pour vous attrister profondément si vous songez que des créatures humaines, que des femmes et des enfants habitent ces taudis infects. Passons, nous trouverons, quelques pas plus loin, une autre sentine, la *rue du Ruissel*, et ses immondes *assommoirs* où l'on crie, où l'on hurle, où l'hébètement, la folie, les fureurs alcooliques repoussent l'homme au-dessous de la brute. Il y a, sur les effets de la misère et de l'alcool dans cette rue et quelques rues voisines, des récits navrants et terrifiants de MM. Villermé, Jules Simon et autres. Je vous y renvoie. Le cœur me manque pour vous les exposer moi-même, les ayant vus de trop près. Passons encore et continuons de remonter, je vous prie, le cours de Robec.

Mais quand vous serez rentré chez vous, quand vous repenserez à votre visite à Rouen, n'oubliez pas le spectacle de ces maisons couronnées de leur travail, je dirais volontiers couronnées de leur moralité ; vous ne l'avez pas vu ce spectacle, mais vous avez encore sous les yeux les fières et hautes maisons où cela se voyait il y a soixante ans.

L'industrie cotonnière avait remplacé sur les bords de Robec l'industrie drapière qui avait péri au siècle précédent, détruite, je crois, par des maladresses et des iniquités fiscales : c'était l'opinion de Michelet.

Les cotonniers cependant avaient, on pourrait le croire, fait depuis longtemps leurs premiers essais au milieu même des drapiers. Mais qu'était l'industrie du coton avant le dix-huitième siècle !... Néanmoins les chroniques nous apprennent que, dans la rue Saint-Vivien, dès 1421, une maison fut acquise par un certain Adam *le Cotonneux*.

A leur tour les fabricants de *rouennerie* disparurent de l'Eau-de-Robec pour aller s'installer à l'ouest, dans le quartier Cauchoise et Saint-Gervais. Là encore, à l'heure qu'il est, on retrouve les hautes maisons surmontées de leurs séchoirs largement aérés et couverts.

Mais *Cauchoise* et *Saint-Gervais*, eux aussi, ont vu cette fabrication les abandonner. Des tissages gigantesques mis en marche par la vapeur se sont établis et toujours agrandis, tout à fait au sud de la ville et de l'autre côté de la Seine, dans le faubourg Saint-Sever et dans les villages voisins de Sotteville et de Petit-Quevilly, auxquels se sont ajoutés, dans la direction nord, Déville, Maromme, etc.

L'histoire de Rouen, au point de vue de ces révolutions industrielles étudiées dans leurs causes et dans leurs effets, serait pleine d'intérêt et même d'actualité. Elle est encore à faire. Je crois qu'en cherchant bien on réunirait une partie des éléments nécessaires pour la mener à bonne fin, et nous devons avoir ici des hommes capables de l'entreprendre.

Quoi qu'il en soit, les grands ateliers tendent tout à fait en ce moment vers les faubourgs les plus excentriques et même vers la banlieue ; et peut-être l'industrie pourrait dire avec Corneille :

Rouen n'est plus dans Rouen, il est tout où je suis.

Malheureusement le vers ne serait plus sur ses jambes.
Mais, ne nous égarons pas! Nous sommes, pour l'heure présente, rue Eau-de-Robec et nous arrivons, après la rue du Ruissel, à une place nouvellement ouverte. Pour créer cette place, il a fallu démolir un labyrinthe inextricable de ruelles impossibles, d'allées noires, d'impasses, d'escaliers, de taudis en ruine comme ceux de l'ancien Clos Saint-Marc et comme eux appartenant on ne savait à qui... C'est maintenant la place Saint-Vivien, avec une vieille église assez disgracieuse, mais dont on ne

laisse pas pourtant de regarder le clocher, énorme pain de sucre en pierre.

Ceci nous met précisément dans la longue voie qui traversait la ville de l'est à l'ouest, c'est-à-dire de la porte Saint-Hilaire à la porte Cauchoise. Nous y débouchons en la partie appelée rue Saint-Vivien. Remontons un instant vers l'ouest; un très beau jardin se présente sur la droite. Avançons encore : un cri vous échappe... c'est Saint-Ouen en toute sa grandeur, en toute sa grâce élégante... Dites si en quelque autre lieu la pierre vous est apparue avec cette légèreté, avec cet élan d'ascension céleste! Tout à l'heure la cathédrale nous écrasait de sa masse imposante et terrible : Saint-Ouen nous enlève. C'est une nef aérienne. Par cette architecture, qui vous met en plein rêve, on se sent délivré du poids de la matière; la pierre même semble y devenir esprit. Cette tour qui si gaiement monte et nage dans le ciel, sans le cacher (tant et si gracieusement elle fut évidée, œuvrée, ajourée), les rayons du soleil levant, les rayons du soleil couchant, la pénètrent, l'éclairent, s'y heurtent, s'y réfléchissent et s'y jouent au dedans, au dehors; et pour le vent, quelle incomparable et colossale clarinette, entourée à sa base d'arceaux, d'arcs-boutants et de pyramides sonores comme des harpes éoliennes! Air, soleil, nuages, tout a son rôle en cette tour, et tout l'embellit, tant l'architecture est vivante! Ils étaient en droit, ceux qui l'ont bâtie, de s'appeler *maîtres de la pierre vive*. Cette église est un chant. Tours, tourelles, pyramides, clochetons, les entendez-vous ? ils vibrent, ils lancent dans l'air le *Gloria in excelsis !*

Ils mettaient dans leurs œuvres, ces *maîtres de la pierre vive*, ce qu'ils avaient dans le sang et dans l'âme. Leur conscience et leur art ne se séparaient pas ; leurs œuvres vivaient parce qu'ils y mettaient leur vie. A la pierre, au fer, au bois, à tout ce qu'ils *œuvraient*, ils faisaient dire leur croyance, leur conviction morale. Tout dans leurs mains devenait verset sacré ; la cathédrale nous chantait tout à l'heure son *Te Deum*. Le *Te Deum*, c'est le chant intérieur de ses piliers et de ses voûtes ; mais au dehors, sous le vent et la tempête, pyramides, tours, flèches et clochers, écoutez-les bien, c'est le *Christus vincit*. La cathédrale, c'est la religion militante. L'abbaye de Saint-Ouen, asile des studieux bénédictins, n'a que chants d'allégresse : « *Hosanna, Gloire aux cieux ! Paix sur la terre aux hommes de bonne volonté !* »

Le vieil historien de la riche abbaye, dom Pommeraye, raconte qu'il ne voulait d'abord écrire que quelques pages, mais qu'entraîné par l'intérêt du sujet, il enfanta tout un in-folio. Même aventure ici se reproduirait, si nous n'étions parfaitement empêchés, vous de m'entendre faute de temps, et moi de vous raconter, faute de patience et d'érudition, tant et de si longues et de si difficiles histoires.

Contentons-nous d'examiner rapidement, en sa superbe unité, l'édifice élancé tout d'un jet de la terre vers le ciel.

La cathédrale est l'œuvre de plusieurs siècles et de cent architectes. Si l'achèvement de Saint-Ouen demanda plus

d'un siècle et demi, sa conception hardie est du moins
l'œuvre d'un seul maître. On l'attribue à l'abbé Roussel-
Marc d'Argent... N'y eut-il point derrière le très
opulent et très puissant abbé quelque habile architecte,
clerc ou laïque, dont le nom serait resté inconnu ?...
Mais en fût-il ainsi que l'abbé Roussel-Marc d'Argent
aurait encore le très grand mérite d'avoir admirable-
ment choisi... On peut, dans tous les cas, affirmer
que ce fut un homme de goût. Il fit d'ailleurs de la
construction de cette église son œuvre personnelle; il
en dirigea et surveilla les travaux avec passion. Je
vous rappelais tout à l'heure l'in-folio de dom Pommeraye sur l'abbaye de Saint-Ouen; mais combien d'autres livres depuis et combien de brochures sur le même
sujet ! Que de dessins, que d'aquarelles, que de pastels,
que de peintures, que de photographies l'ont reproduite,
vue d'ici, vue de là, vue d'en haut, vue d'en bas, vue du
dedans et vue du dehors ! Tout ce qui sait en Normandie
tenir bien ou mal un crayon a crayonné Saint-Ouen et
sa tour centrale, et ses contreforts qui si lestement sautent
d'une galerie à l'autre, qui semblent, à qui mieux mieux,
courir et s'élancer là-haut, qui se précipitent, s'entre-
croisent, se mêlent et se démêlent dans une ascension,
dans une danse sereine et triomphale. Ces pyramides sont
vivantes et gaies, jamais il n'y eut une telle harmonie des
pierres et de la lumière. Mais que parlé-je de pierres ! Vue
de certains côtés (du côté nord surtout), l'église n'a plus
de pierres : elle n'est plus que transparence et féerie.

Une nuit, — j'étais tout jeune homme, — je rêvai que

Saint-Ouen avait disparu, et je m'éveillai tout en larmes. Rouen sans Saint-Ouen ne serait plus, au point de vue archéologique et artistique, qu'une ville découronnée. Saint-Ouen, c'est sa poésie, et notez que sa tour si richement surmontée, s'aperçoit de partout. De quelques rues et notamment de tout le quartier Saint-Hilaire (quartier est), elle arrête, étonne et réjouit la vue.

Mais assez parlé. Entrons, et si vous le voulez, entrons par le grand portail, bien qu'il jure, par la mesquinerie de ses deux tours modernes, avec tout le reste de l'édifice.

Nous voici donc dans l'église abbatiale ; je vous y laisse à vous-même. Dans la cathédrale j'ai pu mêler à vos impressions personnelles mes propres commentaires. Ici le silence me paraît s'imposer ; l'émotion est grande, profonde, inoubliable, mais elle est douce. Il n'y a plus céans ni menace, ni terreur. Je vous l'ai déjà dit, toutes les pierres de cette église chantent : *Gloire au ciel, et paix sur la terre aux hommes de bonne volonté !*

Regardez maintenant ces..., j'allais dire ces piliers ; mais ce ne sont ni piliers ni colonnes, ce sont faisceaux de flûtes légères, harmonieuses, qui doucement filent et marient leurs sons. On croit les entendre : on les entend en effet. L'édifice, de la base au sommet, est dans une perpétuelle vibration ; des bourdonnements s'y promènent, montent, descendent, répétés d'écho en écho. Tout bruit y devient mélodie... le temple a la sonorité harmonieuse d'un violon immense : ici plus de matière inerte ; on y entend bruire et frémir la pierre en toutes ses molécules. Le prêtre qui parle en chaire, sa voix se transforme, c'est une musique ; il parle dans une chanterelle, et, s'il sait s'en servir, quels effets il en pourra tirer ! Il ne faut pas ici parler comme on parle ailleurs: ce doit être un apprentissage. Il faut laisser aux piliers flûtes, aux fenêtres tam-tam et aux voûtes cymbales le temps de jouer leur accompagnement...

Vous tenez à la main le petit guide que dans les gares on vend aux voyageurs : *Rouen, son histoire, ses monuments*, etc., par Th. Licquet (édition de 1867). Ouvrons à la page 44 et voyez ce que dit un visiteur étranger, Dibdin :

« ... Impossible de rien imaginer de plus aérien, de plus
« séduisant ! Le fini et la délicatesse de ces piliers est une
« chose vraiment étonnante. En général, c'est l'absence
« de tout ornement étranger qui donne à l'intérieur du
« monument cet air svelte, dégagé, tenant de la féerie,
« qui n'appartient qu'à lui et qui produit une sensation
« que je n'éprouvai jamais dans aucun édifice de ce
« caractère... » Voyez-vous maintenant ces resplendissantes rosaces? Celle de l'ouest devient, au soleil couchant d'été, un feu d'artifice des plus extraordinaires.

Voyez-vous les grilles en fer qui entourent le chœur de leurs lianes élégantes et puissantes?... Mais, à quelque détail que vous vous arrêtiez, c'est toujours à l'ensemble que vous en reviendrez, et cet *ensemble*, trait distinctif du monument, est dû à son premier architecte. Marc d'Argent, malheureusement, ne put voir son église achevée. Le chœur, les piliers qui supportent la tour, une grande partie du transept étaient seuls terminés lorsqu'il mourut. Du reste cette œuvre demeura, pendant plus de quatre siècles, invisible et cachée. La tour seule en était connue et célèbre. Les maisons, les bicoques, les constructions les plus hétéroclites avaient envahi tout le reste. Depuis une vingtaine d'années seulement cette féerie est devenue visible.

Marc d'Argent avait voué sa vie à cette construction, il ne la vit cependant qu'en rêve et sur le papier ; mais ni plan, ni dessin, ni rêve, ni peinture ne donnent l'idée grandiose de la réalité. Marc d'Argent lui-même n'en avait pas prévu les jeux et les effets sur le ciel. Quelle joie c'eût été pour lui de voir s'élever radieuse l'incomparable tour! Il couvait, on le sent, son œuvre du regard. Pour n'en pas perdre de vue un instant la construction en son ensemble, il s'était établi sur les hauteurs voisines, au manoir de Bihorel. Il pouvait de là suivre tous les travaux ; il en avait posé la première pierre au mois de mai 1318, et, après vingt et une années d'efforts, de soins, de fatigues, de dépenses excessives, il mourait dans ce manoir de Bihorel, le 7 décembre 1339.

Ne sortons pas sans une visite à son tombeau. Voici ce qu'on y lit :

HIC JACET
JOHANNES MARC D'ARGENT, ALIAS ROUSSEL,
QUONDAM ABBAS ISTIUS MONASTERII,
QUI INCIPIT ÆDIFICARE ISTAM ECCLESIAM DE NOVO
ET FECIT CHORUM ET CAPELLAS
ET PILLIARIA TURRIS MAGNAM PARTEM CRUCIS
MONASTERII ANTEDICTI (1)

(1) « Ici repose Jean Marc d'Argent ou Roussel, abbé de ce monastère. Il commença la construction de cette église et fit le chœur, les chapelles, les piliers de la tour et une grande partie du monastère susdit. »

En tournant extérieurement autour de l'église, nous nous sommes arrêtés devant le reste, fort bien conservé et fort bien restauré, d'un remarquable et très vieil édifice d'architecture romane ; cela s'appelait autrefois la *Tour aux Clercs* : c'est l'abside de l'église qui précéda l'église actuelle et qui avait été elle-même précédée de plusieurs autres. Vous vous rappelez les vicissitudes éprouvées par la cathédrale, la série de ses ruines et de ses restaurations. Eh bien, sur les vicissitudes de Saint-Ouen écoutez dom Pommeraye :

« Il est peu de villes en France qui aient souffert tant et de si grandes calamités que la ville de Rouen. Pour ne point parler des pestes et des inondations qui l'ont affligée, il est certain qu'elle a servi plusieurs fois de théâtre aux fureurs de la guerre; qu'elle a été attaquée par neuf ou dix sièges ; et que souvent elle a été prise et saccagée par ses ennemis. Mais la plus fréquente et la plus cruelle de ses disgrâces a été l'accident du feu, qui l'a réduite en cendre jusqu'à onze ou douze fois. Tellement qu'après tant d'incendies et de divers malheurs, c'est assurément une merveille qu'elle ne soit point demeurée ensevelie sous ses ruines, comme il est arrivé à une infinité d'autres villes, dont il ne reste plus que le nom dans les livres et quelques légers vestiges sur la terre (1). »

Voilà pour la ville elle-même ; mais les abbayes, les églises eurent encore plus à souffrir, ayant leurs dis-

---

(1) Dom Pommeraye, liv. II, chap. IX.

grâces propres et leurs ennemis spéciaux. Dom Pommeraye n'a guère le flair historique; il sait cependant très bien indiquer, pour la célèbre abbaye, ce surcroît de luttes et de guerres.

« Or, il est aisé de juger que tandis que le corps a été accueilli de tant de misères, les membres n'ont pas manqué de s'en ressentir plus ou moins, selon les différentes rencontres, et qu'ainsi, le monastère de Saint-Ouen faisant une partie assez notable de cette ville infortunée, il a été aussi souvent enveloppé dans les mêmes calamités. En effet, nos mémoires attestent que cette abbaye a été brûlée trois fois, sans compter cet horrible embrasement qui la ruina lorsque la ville fut pillée par les troupes de Hasting. Ces incendies, jointes (1) aux ravages qu'elle a endurés *de la part des séditieux et des hérétiques*, et aux pertes avenues dans ses terres et domaines, ont été cause qu'elle a souvent changé de face et qu'on l'a vue tantôt dans les richesses et tantôt dans la pauvreté, ornée de superbes bâtiments, puis toute difforme par ses ruines, réglée par une exacte observance, et ensuite pleine de désordre et de relâchement... »

Maintenant, quoi qu'il puisse advenir encore de ce monument, disons à l'avance que tout ce qu'il en a été fait de dessins, de peintures, de photographies, de reproductions en tout genre, malgré l'habileté de quelques-uns des artistes à qui nous les devons et qui ont raison de nous en préparer d'autres encore et toujours (on n'en

---

(1) Incendie était alors un mot féminin.

saurait trop avoir d'une telle merveille), disons néanmoins et disons avec tristesse que l'édifice absent, toutes ces reproductions ne nous le rendront pas. Rien ne rend en effet ni ne peut rendre l'impression élevée et délicieuse que cause la vue d'une œuvre de si rare harmonie. Les jeux de lumière et d'ombre, le ciel vu, entrevu à travers ces arceaux, à travers cette tour si supérieurement ajourée, le mouvement de montée des contreforts, les dentelures des pyramides, la sérénité calme de l'édifice en son ensemble, si tout cela venait à disparaître, l'adieu devrait être éternel. A peine en retrouverait-on une ombre amoindrie dans les reproductions qui en ont été faites... J'en demande pardon à des artistes de talent et de très grand talent, à des artistes que j'apprécie et que j'admire;... j'en demande pardon à des artistes amis ! Ceci d'ailleurs n'est pas une critique, c'est la constatation attristée de l'impuissance que tout art rencontre à se faire le traducteur d'un autre art. Cette impuissance, ne l'éprouvé-je pas moi-même en essayant si vainement de vous interpréter par la parole les beautés de cette architecture ? et ne vous donné-je pas moi-même la preuve de cette impuissance ?... Il faut avouer que le dessin y réussit encore mieux.

VI

BRIC-A-BRAC DES PONTS DE ROBEC

Vous n'avez que peu d'heures à donner à notre vieux Rouen. En si peu de temps il n'est guère possible que de vous montrer les grosses choses : cathédrale, Saint-Ouen, Saint-Maclou, Palais-de-Justice, hôtel du Bourgtheroulde, etc. ; mais les petites, dont quelques-unes aussi auraient tant d'intérêt, mais les détails mêmes de nos grands monuments, si curieux, si instructifs, nous voilà forcés d'y renoncer. Dans notre course rapide nous avons passé tout près de plusieurs d'entre eux sans qu'il m'ait été possible de vous les signaler. Cependant combien en est-il de profitables et d'amusants à voir ! Hyacinthe Langlois a écrit un livre curieux sur les *stalles de la cathédrale ;* M. Deville en a fait un sur ses *tombeaux.* M. Delaquérière nous a donné les *maisons de Rouen,* M. Nicetas Périaux, les *rues.* Mais dans ces rues, à chaque pas, que de coins délicieux, historiques ou artistiques ! Les maisons à visiter sont innombrables. M. Delaquérière lui-même n'a pu les indiquer toutes, et dans quelques maisons dont l'extérieur ne dit rien, que de surprises ! Tantôt c'est une cheminée, tantôt un plafond, tantôt un escalier. Riche, ancienne, active, livrée aux arts, à l'industrie, au commerce lointain, ayant servi d'asile à tant de célébrités en tout genre, quoi de plus naturel en une telle cité qu'une accumulation variée de trésors ! Autrefois tout, dans les grandes villes, était sujet à décoration et souvent à décoration splendide. Par exemple, dans notre vieux Rouen, on comptait trente-six fontaines : toutes ou presque toutes avaient donné lieu à quelque gracieux édicule, et la plupart sont encore debout. Chaque rue avait son caractère, tiré de l'industrie qui y prédominait. Même parmi les maisons privées d'ornementation artistique il en était, il en est encore de drôles : les vieilles auberges, dans le quartier Saint-Hilaire, dans le quartier Cauchoise, aux environs du Vieux-Marché et dans le faubourg Saint-Sever, m'ont souvent arrêté et amusé par leurs longues galeries et leurs corridors extérieurs en forme de balcons. Nous en pourrions trouver encore quelques spécimens.

Rouen, grande cité maritime, possédait autrefois un nombre considérable d'auberges, de tavernes, d'hôtelleries et tribales. Leurs enseignes mêmes étaient un amusement. Je les ai indiquées dans *Rouen, promenades et causeries*. Quelques-unes de ces auberges se sont perpétuées jusqu'à nos jours : l'*Hôtel des Trois-Maures* remonte à plus de trois siècles, mais il a changé de quartier.

Dans notre empressement à visiter le Rouen monumental, nous ne négligeons pas seulement beaucoup de petites choses, beaucoup de curiosités, nous en négligeons même de grandes : les musées de peinture, d'histoire naturelle, d'antiquités, et même le musée céramique, ce temple du *vieux-rouen*. Le musée de peinture et de statuaire, même sans qu'on y entre, montre aux promeneurs, du haut de son grand escalier, l'admirable Hercule de Puget récemment retrouvé. Quel appel !

Il n'est pas jusqu'à la ferronnerie qui n'ait ici ses chefs-d'œuvre : grille du chœur de Saint-Ouen, grille du grand escalier de l'ancienne Bibliothèque, à l'Hôtel-de-Ville (abbaye de Saint-Ouen). Et que de portes aux belles fermetures, que de serrures artistiques ! Les plaques de cheminées elles-mêmes étaient parfois œuvres d'art, et l'on en conserve de très curieuses.

C'est ce qui fait du bric-à-brac des brocanteurs de Rouen de véritables musées en désordre, c'est l'anarchie de la curiosité, mais quelle riche et triomphante anarchie c'était il y a cinquante ou soixante ans, au temps, par exemple, où je voyais Hyacinthe Langlois accoudé en extase devant quelque étalage en plein vent ! Il marchandait, on demandait dix sous : il ne les avait pas.

La vraie curiosité, de jour en jour, se fait plus rare. Mais les amateurs sont encore nombreux le dimanche sur le *Clos Saint-Marc*, au marché Saint-Sever, et tous les jours dans la rue Eau-de-Robec, où, depuis vingt-cinq ans s'est établie la tribu brocanteuse. Les ponts, où se fait en grand l'étalage, font de cette Venise fripière quelque chose d'étonnant.

Je vous dis tout cela, à vous, archéologue et artiste. Mais si vous étiez un simple ami de la belle nature, avec quel empressement je vous parlerais de nos entours, de nos coteaux si verts, si vivants et si gais, de nos vallées délicieuses et de notre fleuve imposant, avec ses ondulations majestueuses, avec ses vastes prairies, avec ses îles qu'un poète, l'auteur de la *Cité des hommes*, Adolphe Dumas, il y a cinquante ans, appelait, dans un livre inédit, *les Iles d'Amour*. Je vous rappellerais que Voltaire, au siècle dernier, écrivait des hauteurs de Canteleu que la Normandie serait le plus beau pays de France, si elle avait un peu plus de printemps. Mais où vit-on jamais pareille vigueur de végétations, plus doux, plus attractifs et plus mystérieux ombrages? Oh! qu'il avait raison, notre chansonnier Bérat, de célébrer *sa Normandie*! Il ne lui manque, à la chère province, que d'avoir été plus chantée et par des voix plus retentissantes.

Si vous étiez amis du jardinage en même temps que de la nature, comment ne vous promènerais-je pas dans notre Jardin-des-Plantes, là-bas, sur la rive gauche? Par son étendue, sa situation en vue des riants coteaux de la Seine, par la beauté de ses cultures, la richesse de ses serres, c'est un lieu enchanteur. Les grands arbres, les vieilles avenues, l'abondance florale, la tenue parfaite du verger d'étude et des pépinières, il faudrait bien que vous vissiez tout cela; et, chemin faisant pour y aller, que de curiosités encore nous pourrions apercevoir, ne fût-ce que le pan de muraille encore debout de l'ancienne église du couvent des *Emmurées!*

« L'église des Emmurées, dit M. N. Périaux, qui avait été construite pour la première fois par le roi saint Louis, fut dédiée de nouveau en 1479... » Elle avait duré à peu près deux siècles. Un siècle plus tard, elle fut démolie encore, et restaurée plusieurs fois dans le courant du seizième siècle, et de nouveau « réédifiée à neuf, dit M. Périaux, en 1666 ». On en fit, pendant la Révolution, un grenier à fourrage, et dans les derniers temps elle servit d'écurie pour la cavalerie. Un incendie la détruisit il y a quelques années. Il n'en reste que des ruines informes.

Mais on y trouvait, il y a une quarantaine d'années, je

crois, la jolie épitaphe d'une religieuse qui y mourut au siècle dernier.

J'ai cité dans *Rouen, promenades et causeries* (page 149) cette épitaphe en vers tournés en forme de madrigal et qui porte si bien sa date avec elle. On y est aux antipodes de toutes ces épitaphes terribles, si fréquentes au moyen âge, et dont Langlois nous a laissé de si nombreux spécimens dans sa *Danse des morts*. Le *Dies iræ* avait été le fond du moyen âge. Le dix-huitième siècle guéri de ces terreurs, traduit le lugubre *cy-gît* par un aimable madrigal. Le moyen âge est fini.

Nous eussions pu voir encore quelques traces des *Emmurées*, si nous avions visité notre magnifique Jardin-des-Plantes.

Ce jardin, une de mes promenades favorites, est un peu éloigné, mais le tramway, en un quart d'heure, pourrait nous y porter...

VII

SOUVENIRS DU SIÈGE DE ROUEN PAR LES ANGLAIS
1418-1419

Reprenons donc notre promenade, mais reprenons aussi, ou plutôt continuons notre causerie. N'imitons pas ces taciturnes Anglais que l'on voit (c'est une des curiosités de Rouen) s'arrêter devant nos vieux édifices, les yeux fixés, non pas sur le monument, mais sur leur guide, l'excellent *Guide Joanne*, qu'ils lisent en conscience, et qui, la lecture finie, s'en vont heureux d'avoir accompli scrupuleusement le pèlerinage indiqué.

Si vous le voulez bien, au contraire, nous causerons beaucoup, et, tout en cheminant d'une curiosité à une autre, nous parlerons de celles que nous ne pouvons voir et que ne peuvent indiquer les Guides.

Ce qui vraiment intéresse dans une vieille ville, c'est de pouvoir ressaisir quelques traits de son histoire, glorieuse ou terrible. Les monuments sont un ressouvenir de ces temps passés ; mais les lieux mêmes quelquefois en conservent l'empreinte sans le secours d'aucun édifice.

A deux kilomètres de Saint-Ouen, où nous étions tout à l'heure, entre Rouen et Darnétal, se trouve un quartier appelé le « Nid-de-Chiens »... C'est là que Guillaume le Conquérant avait établi son chenil pour ses grandes chasses au Bois-Guillaume. C'était, il y a soixante ans, un lieu solitaire et sauvage, que j'eus dans mon enfance l'occasion de fréquenter souvent. Je ne sais quelle vague terreur y régnait encore. Silence, abandon, effroi; des murs en ruine, quelques masures délabrées donnaient au paysage un aspect saisissant. C'était comme un lieu maudit.

Maudit fut-il, en effet, lorsqu'en 1418-1419 le roi d'Angleterre, Henri V, assiégeant Rouen, vint établir son quartier général au fond de ce vallon, s'installant à la chartreuse de la Rose, après avoir distribué habilement dans tous les environs ses huit corps d'armée. On sait les horreurs de ce siège. On n'en connaît pas de plus épouvantable. Peut-être vous en avez lu les détails dans le beau livre de M. Puiseux, *Siège et prise de Rouen par les Anglais*. L'attaque fut sans pitié, sans merci, la défense héroïque. Rien de plus beau chez aucun peuple. C'est là que se place l'histoire presque légendaire d'Alain Blanchard. Cette intrépidité nous étonne ; c'est par elle pourtant que s'explique la beauté des monuments ; l'art tout seul n'eût pas produit ces merveilles.

Les Rouennais déployèrent dans ce siège tous les genres de courage. Il faut lire cela et dans M. Puiseux, et dans l'*Histoire de Rouen sous la domination anglaise au quinzième siècle*, par A. Chéruel.

« Rouen se défendit avec un courage héroïque, d'après le témoignage des Anglais eux-mêmes. *Ce n'était pas par une seule porte, ni par deux, ni par trois que les Rouennais faisaient des sorties, mais par toutes à la fois ; pendant ce temps, cent canons tiraient du haut des tours et des remparts.* Pour mettre un terme à ces sorties continuelles, les Anglais entreprirent de grands travaux ; ils creusèrent un fossé qui entourait complètement la ville, et construisirent des galeries couvertes qui ménageaient des communications entre les différents corps de leur armée. Ils redoutaient surtout les attaques de la cavalerie, et, afin d'empêcher qu'elles ne se renouvelassent, ils hérissèrent de pieux les fossés dont ils avaient entouré la place. Mais les Rouennais n'en continuèrent pas moins de les harceler par des sorties presque journalières. Au milieu de ces combats on retrouve le caractère chevaleresque de l'époque. Un des capitaines de l'armée anglaise, Jean le Blanc, lieutenant d'Harfleur, s'avança à la porte de Caux et défia le plus brave guerrier de la garnison. Le bâtard d'Arly, Laghen, qui était chargé de la défense de cette porte, répondit à son défi, le tua d'un coup de lance et traîna son corps dans la ville. Les Anglais payèrent quatre cents nobles le droit de lui rendre les derniers honneurs. Cette prouesse couvrit de gloire le bâtard d'Arly...

« Mais ce fut moins encore au milieu de combats qu'en présence de la famine que se signala le courage des Rouennais... »

L'héroïsme des assiégés les immortalisa sans leur donner la victoire. On connait les horreurs de ce siège : la famine, l'incendie, le froid, la mort en masse et la pestilence. Les poètes amis des contrastes et de l'antithèse auraient ici de quoi se satisfaire. La population rouennaise, sans abri et sans pain, dans les fossés, tandis que là, tout près, les Anglais se livrent à des bombances effrénées ! Pour les alimenter, toute la Normandie fut pillée. Mais voici les fêtes de Noël, et ce fut pour la *Christmas* d'interminables festins. Henri V eut pourtant un mouvement de pitié : deux prêtres portèrent de sa part aux assiégés des vivres et quelque boisson ; les Français, paraît-il, refusèrent...

La population rouennaise ne devait jamais perdre ce souvenir. Quatre siècles plus tard, ma mère me chantait encore sur un air lugubre la complainte :

Mange ton pain et bois ton vin, maudit Anglais !
Moi, si je croyais en mourir j'en mangerais
. . . .

Cette fois encore, la vaillance n'empêcha pas la défaite, n'apaisa pas le vainqueur.

Les lieux qu'avait occupés Henri V, où lui avaient été remises les clefs de la ville, portaient encore, il y a soixante ans, l'empreinte de ces événements ; ils en conservaient la tristesse, la douleur, l'humiliation. Ce vallon, où la mélancolie semblait invincible, resta quatre cents ans silencieux et désert. Mais écoutez comment M. Puiseux nous décrit la chartreuse de Notre-Dame-de-la-Rose, où s'était établi le roi d'Angleterre :

« C'était un bel édifice, construit assez récemment par l'archevêque Guillaume de l'Estrange, dans un lieu appelé le Nid-de-Chiens. Il était situé à quinze cents mètres environ de la porte Saint-Hilaire, dans un frais vallon rempli d'eaux et d'ombrages, entre les collines de Darnétal et le versant septentrional du mont Sainte-Catherine. Les bras entrelacés de Robec et de l'Aubette l'enfermaient comme une île et le mettaient à l'abri d'un coup de main, tandis qu'avec la faible portée de l'artillerie d'alors on n'avait point à craindre le canon de la forteresse voisine. Quelques parties de la chartreuse subsistent encore au-delà du faubourg Saint-Hilaire, mais dans un *déplorable état d'abandon et de délabrement;* le bâtiment sur lequel flottait en 1418 l'étendard royal d'Angleterre n'est plus aujourd'hui qu'un humble séchoir. »

Et puis l'historien ajoute en note :

« J'étais curieux de visiter le lieu qui avait abrité le conquérant anglais,... le lieu où, pendant six mois, se débattirent les destinées de la cité rouennaise et se prépara l'asservissement de la France. Restait-il encore quelques vestiges de la Chartreuse ? Je n'avais recueilli sur ce point à Rouen que de vagues informations. Tout ce que j'avais pu savoir, c'est que, il y a trente ans et plus, il restait encore quelque chose de l'ancien Nid-de-Chiens. C'était donc un voyage de découverte à entreprendre. Je m'engageai à l'aventure, un matin, dans ces quartiers indécis, qui ne sont ni ville ni campagne et qui s'étendent entre le faubourg Saint-Hilaire et le bourg de Darnétal. J'errai longtemps dans un dédale de petites rues désertes ou plutôt de chemins bordés de murs et entrecoupés de laborieux petits ruisseaux qui faisaient mouvoir çà et là quelques usines. Enfin, interrogeant, cherchant des indices, je rencontrai un chemin des Chartreux ; un peu plus loin, la *rue de la Petite-Chartreuse*. J'étais sur la voie ; et en effet cette rue m'amena bientôt en face d'un vaste enclos percé de brèches de toutes parts, mais dont les murs avaient encore une noble apparence. Les moulures d'une porte cintrée, retaillée plus tard pour en faire une porte charretière, la crête de la muraille, terminée en bâtière, indiquaient, à n'en pas douter, une époque voisine du quinzième siècle. Dans l'intérieur de l'enclos étaient disséminées des constructions d'époques diverses, mais toutes également délabrées. Non loin de l'entrée se dressait encore une petite niche dix-septième siècle, portée sur un soubassement beaucoup plus ancien ; dans la niche

5

une statue de la Vierge, d'une exécution assez grossière ; au pied, un petit jardinet planté de rosiers et de quelques fleurs rustiques, que des mains pieuses paraissent entretenir avec un soin particulier et qui contrastait avec la *désolation d'alentour*. Une jeune villageoise était occupée en ce moment à renouveler les bouquets qui ornaient l'image révérée.

« — Quelle est cette statue ? demandai-je.

« — C'est *Notre-Dame-des-Roses*.

« J'étais fixé : c'était bien là qu'était la chartreuse de Guillaume de l'Estrange. J'avisai alors, à quarante ou cinquante mètres plus loin, au milieu d'un pré, un bâtiment à demi ruiné et qui sentait son moyen âge à ne s'y pouvoir méprendre. L'étage supérieur avait été démoli et converti en séchoir ; mais le rez-de-chaussée portait les caractères incontestables du quinzième siècle. L'axe de l'édifice est orienté de l'est à l'ouest. Il ne reste plus rien de la face occidentale, où devait se trouver la principale entrée ; mais sur la face orientale on distingue la partie inférieure d'une large fenêtre ogivale et, à côté, une petite fenêtre carrée à moulures…..

« C'est donc là, selon toute probabilité, que Henri V logea avec sa suite pendant la durée du siège de Rouen, là que vinrent expirer les derniers efforts de l'héroïque résistance des habitants, et que leurs délégués vinrent apporter au roi d'Angleterre les clefs de la ville.

« Ce bâtiment, qui n'a pas plus de seize ou dix-sept mètres de longueur, n'est probablement qu'une partie de l'ancien couvent des Chartreux…

« Tel qu'il est, toutefois, il porte l'empreinte de grands souvenirs, et l'archéologue normand s'arrêtera avec respect devant cette vénérable relique, témoin du triomphe passager de l'Angleterre et des dures épreuves que nos pères ont traversées. »

Je n'ai connu rien à Rouen de plus douloureusement historique que ce coin funeste.

Le chemin de fer d'Amiens et deux grandes routes, en le traversant, lui ont enlevé ce caractère.

Mais dans l'aspect des coteaux environnants il reste toujours pour le voyageur attentif on ne sait quoi de plaintif et de poignant.

Oh ! l'histoire n'a pas laissé dans les livres ses pages les plus éloquentes !...

VIII

MONDE MODERNE. — USINE MALÉTRA
INDUSTRIES MARAICHÈRES ET FRUITIÈRES

Où irons-nous cependant, et qui pourra nous intéresser après cette nichée de merveilles entassées en un rayon de moins d'un kilomètre ?.... Il nous faut aller un peu plus loin chercher d'autres souvenirs et d'autres traces du passé. Pour cela, si vous le voulez bien, nous monterons en voiture et nous continuerons, si vous prenez intérêt à cette promenade.

J'avais renoncé d'abord à vous conduire sur la rive

gauche, mais la ville a décidément pris de ce côté trop d'importance pour que nous n'y donnions pas un coup d'œil. Tant d'usines les unes sur les autres (comme autrefois les églises et les monastères sur la rive opposée), tant de monumentales cheminées, un tel bruissement de machines, un tel va-et-vient d'ouvriers, de voitures, de tramways, tant d'activité, tant de richesse à côté de tant de misère, c'est aussi de l'histoire, histoire contemporaine, il est vrai, mais n'est-ce pas Rouen tel qu'il est aujourd'hui que vous voulez connaître, et l'histoire contemporaine n'y a-t-elle pas marqué aussi son empreinte d'une façon très pittoresque? J'ai vu souvent des étrangers qui, n'ayant visité ni l'Angleterre ni la Belgique, s'étonnaient autant de cette rive manufacturière que de la vieille rive droite. Ils y sentaient la vie moderne, la vie actuelle en son effervescence féconde et terrible. Que de voyageurs à Rouen, sur cette rive gauche de la Seine, ont été saisis de vertige en visitant ces ateliers immenses où tout s'agite et tourne sous vos yeux, tremble sous vos pas, où l'on a le bruit infernal de centaines de métiers dirigés par des centaines d'ouvriers ou d'ouvrières, hélas! que l'on voyait même autrefois aidés par de pâles et chétifs enfants! Heureusement la loi sur le travail dans les manufactures a pris l'enfance sous sa protection! Mais, d'autre part, quelles merveilles se fabriquent là-dedans et comment n'y pas admirer le génie de l'homme!

Nous voici donc au milieu des filatures, des tissages, des fabriques de tout genre. Vers Sotteville, dans des ateliers immenses, s'est concentrée en partie le grande industrie toute locale des bretelles, industrie née à Rouen il y a soixante ans, due au génie inventif d'un très simple et très pauvre tisserand, Antheaume. Cette industrie, chose singulière, malgré l'extension inattendue qu'elle a prise, s'est concentrée tout entière à Rouen et à Darnétal, d'où le petit tissu, par milliers et millions de mètres, se répand sur tout le globe.

D'ici et de presque tous les points de la ville on voit fumer, au Petit-Quevilly, les cheminées de l'usine Malétra ; le jour, la nuit, sans répit ni repos, elles fument et les fournaux travaillent. Cette usine, humblement créée, elle aussi, au commencement du siècle, par un simple ouvrier, Malétra, est devenue, près de la ville, comme une autre ville, comme un monde de manipulations chimiques. Il y a là des appareils qui confondent l'esprit..... Quant aux fours et surtout les fours tournants, c'est une vision de l'enfer. Oh ! si Dante eût connu ces fours terribles, cet enfer tournant sur lui-même, bouleversant sans repos ses abîmes de feu, quels supplices imprévus pour ses damnés éternellement déséquilibrés, renversés les uns sur les autres dans ces torrents de lave, dont il ne put en son temps avoir aucune idée ! On ne sait que depuis une quarantaine d'années donner au feu toute son énergie.

Ces fours tournants de l'usine Malétra laissent couler, de deux heures en deux heures, la soude incandescente. Des wagonnets, enchaînés les uns aux autres, charrient le feu en longues files..... Le spectacle, surtout le soir, est inimaginable. Dante eût frémi et renoncé peut-être à cet épouvantable rêve d'hommes plongés dans de tels gouffres.

Ce qui, peut-être, étonne le plus de cet enfer, c'est d'y trouver pour directeurs et pour guides, non pas des démons, mais des hommes aimables, instruits et d'accueil cordial... Faut-il dire maintenant que la superficie de l'usine Malétra est de vingt-sept hectares, que la valeur de son outillage approche de trente millions ? Quand on songe qu'il y a là des cornues en platine du prix de cinquante mille francs l'une, qu'on peut s'y promener dans des chambres de plomb grandes comme des cathédrales, on ne trouve pas cette évaluation exagérée.

Maintenant, voyez-vous, du côté de Sotteville, les forges, les fonderies, les ateliers de construction de chemins de fer de l'Ouest, palais, châteaux, forteresses féodales du monde industriel ?

Le temps nous manque pour visiter le Jardin-des-Plantes ; mais disons, en le saluant de loin, que la création d'un jardin d'étude à Rouen remonte à l'année 1736. Il fut établi d'abord sur les hauteurs de la ville, dans le faubourg Bouvreuil, tout près de Beauvoisine, où l'on trouve encore une *rue du Jardin-des-Plantes*. En 1744, transféré sur le quai, à l'entrée orientale de la ville, il fut, durant cette période, illustré par les leçons du botaniste Marquis, auquel succéda, en 1828, Félix-Archimède Pouchet. En 1835 seulement, il fut installé où le voilà, dans un ancien parc. La rive droite vue de là, avec son entourage de collines, avec ses édifices de tout genre, ses cathédrales, ses clochers et ses tours, forme un spectacle très propre à terminer notre promenade, en nous la résumant d'un coup d'œil.

Et puis, en passant sur le pont, nous aurons vu la ville en ses deux parties séparées par la Seine, si belle, si riante en cet endroit. Nous aurons, sur le terre-plein du pont Corneille, salué la statue du poète, œuvre de David d'Angers. Nous aurons aperçu le *Grand-Cours*, promenade splendide entre la Seine et ses prairies....

Ce *pont Corneille*, que dans mon enfance on appelait le *pont Neuf*, est aujourd'hui l'ancien pont. On l'appelait le pont Neuf parce qu'il y avait encore en ce temps-là l'ancien pont de bateaux, si étrange et si amusant par ses variations de niveau, par ses balancements et ses ondulations dont il sera parlé plus loin.

Un pont en fil de fer le remplaça, qui, lui-même, a disparu depuis peu, et nous voici avec un autre pont Neuf. Ils sont assez près l'un de l'autre, le nouveau en face de la vieille rue Grand-Pont; le pont Corneille en face de la rue de la République. Si vous y avez pris garde, la Seine, en amont du pont Corneille, avec sa côte Sainte-Catherine, avec ses élégants coteaux de Bonsecours, est toute grâce et tout calme. Quelques bateaux plats, d'élégantes embarcations, une marine de promenade et de fantaisie : c'est la Seine parisienne. Du nouveau pont si l'on regarde en aval, c'est l'influence et le voisinage du Havre qui se fait sentir; c'est tout de suite la Seine maritime. Cette double alliance, Paris et le Havre, est une des caractéristiques de Rouen; nous avons, du nouveau pont, le fleuve avec ses quais, son double rang de navires, un lointain magnifique au-delà duquel on devine la mer et son immensité. Cela seul ferait de Rouen une ville unique, un port à la fois excentrique et central. Rouen allonge, sous forme de fleuve, ses deux bras à l'est et à l'ouest pour tendre une de ses mains à Paris, l'autre au Havre, et les trois cités n'en font qu'une. Bonaparte avait raison sur ce point.

En n'allant pas au Jardin-des-Plantes, nous avons perdu la vue d'une des anciennes avenues dont je vous ai parlé et qui donnaient aux abords de Rouen un si grand air. On arrive au Jardin-des-Plantes par la *rue d'Elbeuf*. La petite ville drapière faisait son entrée dans la cité toilière par ce magnifique boulevard.

Il y avait de l'orgueil dans ce luxe de nos avenues, mais c'était un beau luxe, et ces grands arbres, qui assainissaient la ville, imposaient le respect.

Mais reprenons en hâte (l'heure presse) le chemin du Vieux Rouen, il nous y reste à voir ce que tout le monde veut y voir, *la place de la Pucelle*, c'est-à-dire le lieu où fut brûlée l'héroïne. Avec notre voiture nous y serons bientôt et nous en aurons vite fait de n'y pas admirer la statue (style Pompadour) qu'on y a placée au dernier siècle; mais nous ne nous rappellerons pas sans émotion le drame qui s'y dénoua d'une façon si cruelle le 30 mai 1431.

La statue de Jeanne se trouve-t-elle bien exactement sur le lieu même du bûcher? Elle ne s'y trouve que *par à peu près*. Pour expliquer cela on a dit qu'en 1431 les deux places actuelles de la Pucelle et du Vieux-Marché n'en faisaient qu'une, ça n'est pas bien prouvé; les archéologues, il y a quarante ans, assuraient que le lieu précis du bûcher était occupé par l'un des théâtres de la ville, le *Théâtre-Français*. Chose à noter, lorsqu'il y a trente ans on reprit sur ce théâtre la *Jeanne d'Arc* de Desnoyer, au moment où fut entreprise avec tant de vigueur la campagne pour le rachat de la tour, on affirma que le bûcher fictif s'élevait sur l'emplacement du bûcher réel. Les journaux de la ville ne manquèrent pas, avant la représentation, d'en prévenir le public, si bien qu'il y eut dans la salle un frisson lorsqu'on vit la jeune et très jolie actrice s'agiter au milieu des flammes. Mais les archéologues d'aujourd'hui ont cru retrouver le vrai lieu du supplice à l'extrémité ouest du Vieux-Marché et la ville y a fait placer une pierre.

Sur la place, dite de la Pucelle, nous avons à visiter encore l'hôtel du Bourgtheroulde, illustré, de la toiture à la base, par un entassement de bas-reliefs d'une richesse, d'une profusion, d'une abondance extraordinaires. C'est l'entrevue de Henri VIII et de François Ier au Camp du Drap d'or; ce sont ensuite et partout des bergeries amusantes, de gaies pastorales qui semblent la mise en images des jolis vers :

    Vivent pastoureaux,
    Brebis et agneaux,
    Cornez, chalumelles
    Filles et pucelles,
    Prenez vos chapeaux
    De roses vermeilles
    Et dansez sous treilles
    Au chant des oiseaux.

Ainsi chantait Martial d'Auvergne, dans ses *Vigilles de Charles VII*, poésie alors très à la mode; et les « maîtres de la pierre vive » surent parfaitement s'approprier la gracieuse idylle. Toutes les allégresses de la Renaissance, si bien exprimées par le poète, vous les retrouvez dans les sculptures de l'hôtel du Bourgtheroulde :

> Mieux vaut la liesse,
> Amour et simplesse
> Des bergiers pasteurs,
> Qu'avoir à largesse
> Or, argent, richesse
> Ni la gentillesse
> De ces grands seigneurs;
> Car ils ont douleurs
> Et des maux greigneurs;
> Mais pour nos labeurs
> Nous avons sans cesse
> Les beaux prés et fleurs,
> Fruitaiges, odeurs
> Et joye à nos cœurs
> Sans mal qui nous blesse.

Et c'est aussi ce que chantent, en jouant sur l'herbe, dans ces riches bas-reliefs, bergers et bergères, folâtrant, gambadant, batifolant parmi les fleurs de la prairie. D'autres se livrent, dans la rivière, aux délices du bain : ils nagent, font la planche sur l'eau, plongent et cabriolent, pendant que d'autres jouent à la main chaude sous un bel arbre (1).

(1) Grâce aux soins du propriétaire actuel, quelques restaurations ont été faites aux clochetons des parties supérieures de l'édifice.

Plus loin un joueur de flûte semble accompagner tranquillement les rythmes du poète :

> Il n'est tel plaisir
> Que d'être à gésir
> Parmi les beaux champs,
> L'herbe vert cueillir
> Et prendre bon temps.

Un souffle de réveil, de gaieté, d'espérance, traversait tous les arts; déjà nous l'avions senti, ce souffle, au Bureau des Finances et nous l'avions pressenti sous la voûte pastorale du *Gros-Horloge* : c'était la sortie du temps sombre et l'entrée en lumière. C'était la *Renaissance*; c'était l'universel espoir. La balustrade de Saint-Laurent nous avait déjà dit : *Post tenebras spero lucem*.

Maintenant, nous irons un peu au hasard, à travers rues. Toutes, ou du moins presque toutes ont leur cachet. Notons ce trait, qui saisit souvent les voyageurs attentifs : de partout à Rouen, sur quelqu'une des hauteurs environnantes, on découvre la campagne, et de presque partout aussi l'on aperçoit quelque église, quelque tour ou clocher, ou tout au moins quelque vieux mur gothique. Oh ! les peintres et dessinateurs sont ici comme poissons dans l'eau; les souvenirs aussi et les anecdotes, au milieu de ces curiosités archéologiques, se réveillent à tous les carrefours.

Mais, quel que soit le zèle, le soin et le bon goût du possesseur, M. Le Picard, directeur du Comptoir d'Escompte, il n'en est pas moins regrettable qu'un monument de cette importance soit laissé aux incertitudes de la propriété privée.

Tenez, nous voici revenus au haut de la rue Grand-Pont. Entrons à gauche en montant dans cette espèce d'impasse obscure, appelée *rue du Petit-Salut*, car c'est en effet une rue, qui, se brisant tout à coup à angle droit, nous conduit rue aux Ours (anciennement *rue aux Oues*), en face d'une maison qui fut habitée au dix-septième siècle par Mme de Motteville. Voici tout à côté, dans la rue aux Ours, la maison où naquit Boïeldieu, en 1755. A quelques pas, dans la même rue, naquit dix ans plus tard le chimiste Dulong.

Sur la continuation de la rue Grand-Pont, rue Beauvoisine, est un ancien couvent de Visitandines. L'aimable poète Gresset, qui habita Rouen quelque temps, eut dans ce couvent des relations d'amitié et, je crois, de parenté. Là, ne vous en déplaise, vécut et mourut le perroquet *Vert-Vert*, car c'est à Rouen et non pas à Nevers que se passa l'aventure :

A Rouen donc, chez les Visitandines,
. . . .

On a retrouvé, il y a vingt ans, les cercueils de quelques-unes de leurs supérieures : cercueils capitonnés d'un satin doux, fin et moelleux...... Voilà qui montre jusqu'où étaient portés

Les petits soins, les attentions fines.

Le côté anecdotique ne tarit pas plus ici que le grand côté historique.

Je voyais encore il y a quelques années, dans ce quartier

Beauvoisine (rue de l'Avalasse), les anneaux de la forge où l'on attachait les chevaux que Géricault, enfant, observait de la maison d'en face avec tant d'attention, et qu'il sut plus tard si bien peindre. C'est dans cette rue de l'Avalasse, en effet, que naquit et fut élevé le grand peintre.

Je ne sais combien de célébrités en tout genre ont habité ou fréquenté cette ville. Blaise Pascal y fit ses premières expériences barométriques dans le quartier Saint-Sever et sur la côte Sainte-Catherine. Molière y commença et y termina ses représentations en province. Voltaire y publia ses *Lettres Anglaises*, chez le libraire Jore. La première idée et le plan de la *Satire Ménippée* partirent de Rouen. Vous rappellerai-je que Corneille y écrivit ses chefs-d'œuvre? Il est vrai qu'une partie de cette gloire semble devoir être partagée par le village de Petit-Couronne.

Ah! que n'avons-nous le temps de visiter dans ce village au bord de la Seine l'humble et tranquille habitation du poète! Quelle promenade enchantée et quelle vue, quels paysages! C'est la Normandie en l'un de ses lieux les plus magnifiques. Rouen est entouré de ces spectacles superbes.

Ajoutons que cette ville n'est pas seulement un grand centre commercial et industriel, mais encore un grand centre agricole.

Une autre source de richesse, née du sol également, est ici depuis quelques années en pleine activité : c'est l'industrie maraîchère et fruitière; les légumes et les fruits s'en vont de Rouen à Paris, à Londres et partout. Cette industrie fruitière, il est bon de rappeler cela, eut ses premiers développements dès le dix-septième siècle : l'abbé Legendre, curé d'Hénouville, homme instruit et très riche, avait fait de son presbytère un jardin modèle où furent élevées, greffées avec soin, les meilleures espèces, qui se propagèrent vite en toute la contrée. Cela fit, dès le siècle suivant, l'importance du petit port de Duclair pour le commerce des fruits, importance qui s'est continuée et toujours augmentée. Nous nous sommes, dans notre promenade, trop occupés de l'histoire de Rouen pour ne pas faire entrer dans cette histoire l'industrie horticole; elle y tient depuis soixante ans une place qui ne permet pas qu'on l'oublie.

J'ajoute encore que ce village d'Hénouville où vécut l'abbé Legendre était voisin de Petit-Couronne et que le célèbre horticulteur fut un des amis de la famille Corneille. Là, pour la première fois, fut bien étudiée et mise en pratique la taille des arbres. L'abbé Legendre publia sur cet art de la taille un traité qu'aujourd'hui encore on aime à consulter et qui dans ces temps derniers a été réimprimé. Nous sommes donc à Rouen en vrai pays horticole, et, si le temps ne nous avait manqué, nous eussions pu voir, vers Déville et vers Darnétal, les vastes terrains occupés par la petite culture maraîchère, florale et fruitière, petites cultures florissantes, grâce auxquelles le sol conserve et voit s'augmenter son ancienne valeur, les maraîchers sachant en tirer chaque année huit, dix et même douze récoltes. Si vous étiez entré à Rouen en

venant du Havre, de Dieppe, de Saint-Valery ou de
Fécamp, ou si vous y étiez arrivé par la gare du Nord,
vous eussiez vu tous nos alentours heureusement livrés à
cette culture horticole où sont occupés les plus intelligents
peut-être, les plus instruits, les plus sobres, les plus sages
et aussi les plus avisés de nos travailleurs. J'avais donc à
vous expliquer ce côté de notre ville. En voyant quelles
richesses on y peut tirer du sol, vous comprendrez mieux
que Rouen se soit relevé de tant de calamités et de tant de
ruines ; c'est bien ici que l'histoire offre le spectacle d'une
éternelle résurrection. Notre beau fleuve où remonte tous
les jours la mer, nos vallées de l'est et de l'ouest s'y
donnent rendez-vous pour en fertiliser le sol : voilà ce qui
toujours y ramènera la vie et ce qui de si bonne heure y
fixa les populations, ce qui, lors des invasions, y retint
les barbares. Rouen disparaissant dans un nouveau
cataclysme, de nouveaux barbares venus ou du nord de
l'Europe ou des profondeurs de l'Asie ne tarderaient pas
à se fixer ici, parce qu'ils y verraient un rendez-vous de
richesse et de force, un centre de communications avec
tout le globe. Même aux temps préhistoriques, ce lieu fut
habité. On y retrouvait, il y a vingt-cinq ans, sur l'emplacement de la gare du Nord, les traces d'une cité
lacustre.

Puisque mes souvenirs se sont reportés vers cette gare
du Nord, vers l'emplacement du vaste marécage que formaient à leur arrivée en Seine les deux rivières *Robec* et
l'Aubette, disons un mot de la petite *Aubette* (nous
avons parlé de Robec). L'Aubette, venue de Saint-Aubin

par Darnétal où, dans les âges primitifs, elle se confondait avec Robec, l'Aubette, qui dessert aussi quelques usines, fait son entrée dans la ville à travers des rues et des ruelles qui l'entourent, l'encaissent, la recouvrent de la façon la plus pittoresque.

IX

CROIX DE PIERRE
PROJETS FASTUEUX DE M. DE MONTMORENCY-LUXEMBOURG

Mais j'oublie que nous n'avons visité encore ni la fontaine de la Croix-de-Pierre, ni la fontaine de la Crosse, ni la fontaine Lisieux, ni la fontaine Bouilhet, où se trouve le buste très ressemblant du cher poète, ni même le Château-d'Eau, très belle œuvre de Falguière... Ne me prenez-vous pas pour un anti-fontainier ?

Il n'en est rien vraiment, et, pour ne pas vous laisser en cette idée fausse, je vous dirai ici quelques mots de la vieille et très jolie fontaine de la *Croix-de-Pierre*. Et d'abord il faut signaler une particularité rare de ce monument : il en existe deux exemplaires. La croix de pierre située sur la place qui porte ce nom, vous la retrouveriez au jardin de Sainte-Marie, devant le musée d'Antiquités. Mais racontons l'histoire de la gracieuse pyramide. Construite en 1515, tout au commencement du règne de François Ier, elle ne fut jamais, ni dans l'intention de l'architecte, ni même dans celle du cardinal Georges d'Amboise, auquel elle est due, destinée à supporter une croix. C'était un monument civil, une riche *borne-fontaine*, un petit *château-d'eau* gothique comme on en construisait tant alors et de formes si diverses. Les preuves en sont nombreuses à Rouen, où nous avons encore les fontaines que je vous citais tout à l'heure : fontaine Lisieux, fontaine de la Crosse, fontaine Saint-Maclou...

Comment donc est-elle devenue *Croix-de-Pierre?* Vers la fin du douzième siècle, au temps de Philippe-Auguste, il y avait à Rouen un archevêque du nom de Gauthier. Cet archevêque possédait aux Andelys un coin de côte aride, dont Richard Cœur de Lion s'empara sans cérémonie pour y planter sa forteresse de Château-Gaillard. Vous entendez d'ici les réclamations, les sermons terribles, les excommunications de Gauthier. Richard continuait de bâtir tranquillement sa citadelle ; l'archevêque ameuta si bien les populations pour ce coin de côte englobé dans le Château-Gaillard, que le roi d'Angleterre, effrayé, baissa d'un ton sa *gaillardise* et céda ; il ne démolit pas, bien entendu, sa citadelle, mais il rendit au prélat, en échange de ce qu'il lui avait pris, un autre terrain, beaucoup plus grand et de meilleur rapport. L'archevêque en éprouva une telle joie que tout de suite il chanta dans la cathédrale un retentissant *Te Deum* avec sonneries qui ne finissaient pas. Pour perpétuer à jamais son triomphe, il fit ériger des croix en plusieurs lieux de la ville. La plus belle de ces croix fut construite en pierre, au carrefour le plus important du quartier est de Rouen, et il y fit graver cette orgueilleuse inscription :

TU AS VAINCU, GAUTIER.

Le carrefour devint ainsi *Place de la Croix-de-Pierre*.

Lorsqu'en 1515 on érigea la pyramide-fontaine, elle prit tout naturellement le nom de *fontaine de la Croix-de-Pierre*, mais la croix de 1197 et la fontaine de 1515 formaient deux monuments distincts. Or, en 1562, les huguenots renversèrent la croix et ne laissèrent debout que la pyramide-fontaine; les choses restèrent en cet état jusqu'en 1628. Mais à cette époque le catholicisme venait de remporter avec Richelieu son succès de la Rochelle, et plus on détruisait les citadelles féodales, plus on élevait et restaurait les croix. La croix de pierre fut réédifiée, mais beaucoup moins solide qu'en 1197, si bien que, moins d'un siècle et demi après cette reconstruction, en 1774, la voilà qui de nouveau menace ruine; et, ma foi, les habitants de la ville, pour faciliter la circulation de leurs chariots, voitures et carrosses, demandèrent et obtinrent sa démolition. On était d'ailleurs en plein Voltaire et en pleine *Encyclopédie*. Une condition cependant fut faite à cette démolition : c'est qu'une croix en pierre remplacerait la pointe élégante de la pyramide-fontaine. L'autorité ne démolissait le monument religieux qu'en catholicisant le monument civil; mais, ô retour des choses d'ici-bas ! la pauvre fontaine, dix-huit ans plus tard, en 1792, devait subir le contre-coup de cette aventure. Sa croix fut renversée et remplacée, savez-vous par quoi ?

par le buste du citoyen Marat ! Il va de soi que Marat ne tarda pas à disparaître à son tour, et l'édifice n'eut plus alors ni croix, ni buste, ni pointe.

Mais voyez la marche de l'histoire :

Voici 1816, la croix est replacée.....

1830 ! Le drapeau tricolore attaché à la croix l'ébranla ; et puis, le vent, la pluie, le gel et le dégel s'en mêlant, vers la fin du deuxième empire, la croix menaçait de nouveau ruine. On parla de réparations : les architectes trouvèrent mieux de rebâtir à neuf.

Ainsi fut fait ; c'est alors qu'on s'aperçut qu'il y avait au monument primitif toutes sortes de charmes ;... quelqu'un proposa d'en reprendre et d'en réunir toutes les pierres et de rééditier dans le jardin de Sainte-Marie la pyramide de 1515, et voilà comment nous l'avons en double.

Je regrettais tout à l'heure d'avoir, dans notre rapide causerie, sacrifié quelques autres fontaines : mais nous avons sacrifié même des églises, nous avons sacrifié des théâtres ; nous n'avons visité ni la vieille église Saint-Paul, bâtie, dit-on, sur les ruines d'un ancien temple de Vénus, ni la crypte de l'ancien prieuré de Saint-Gervais (sous l'église actuelle).

Le prieuré de Saint-Gervais était autrefois détaché de Rouen, et c'est là que vint mourir, loin du bruit, Guillaume le Conquérant. Au commencement du siècle, c'était un fertile quartier de jardins et de maraîchers. Les maraîchers au dix-huitième siècle occupaient tout ce bas du coteau Saint-Gervais et se trouvaient ainsi tout rapprochés du Vieux-Marché, où se vendaient leurs produits ; aussi, lorsque l'illustre intendant, M. de Crosne, donna le tracé de tout le nouveau quartier, dont une rue porte aujourd'hui son nom, eut-il à souffrir de la résistance et de la quasi-révolte de ces gens-là. On l'insulta, on le hua, on lui jeta des pierres dans sa voiture ; mais les travaux se firent, et MM. les jardiniers furent un peu repoussés vers l'ouest. Ils y sont encore.

Cette histoire des embellissements de Rouen par M. de Crosne mérite d'être racontée, et quoique déjà je l'aie longuement exposée (*Rouen, promenades et causeries*), je demande à y revenir encore, seulement je le ferai cette fois de façon plus sommaire. Il y avait une vingtaine d'années déjà que la nécessité s'imposait d'une transformation de la ville, ses rues étroites, tortueuses, n'étant plus en rapport avec les besoins du temps, avec la circulation plus active, avec le nombre, chaque jour plus grand, de voitures d'utilité et d'agrément. Tout demandait l'élargissement des principales voies, et il n'y en avait pas de plus importantes que la rue de la Grosse-Horloge, surnommée alors la Grande-Rue. Justement dans la Grande-Rue se trouvait l'Hôtel-de-Ville. Un architecte du temps, après examen sérieux, prétendit que le lourd édifice menaçait ruine et devait être reconstruit à neuf. Remarquez cependant que l'édifice qui, selon M. l'architecte du roi, menaçait ruine en 1746, est encore debout, après un siècle et demi....

Quelques années plus tard seulement, en 1757, les autorités locales sollicitaient un arrêté du conseil pour la reconstruction de l'Hôtel-de-Ville et sa translation dans un autre lieu. Le gouverneur de la ville était alors *Mgr de Montmorency-Luxembourg*. L'architecte proposa de tracer une vaste rue qui, du portail de l'Hôtel-Dieu, nouvellement construit, s'en fût allée au portail de la cathédrale. Toute la *Grande-Rue* y passait, et le pauvre *Gros* probablement eût disparu dans cette révolution. La voie proposée devait traverser la place du Vieux-Marché, et sur cette place, énormément agrandie, eût été construit le nouvel Hôtel-de-Ville, lequel n'eût été rien autre chose qu'une reproduction du Luxembourg. On devait même y ajouter un jardin, imité probablement aussi de celui du Luxembourg; puis, à la suite du jardin, serait venue une superbe rue de Luxembourg. La rue Cauchoise, qui aboutissait au Vieux-Marché, la rue des Bons-Enfants, un peu plus haut, eussent été élargies et rendues dignes d'un si illustre voisinage. Les rues d'alentour subissaient une transformation analogue.

Tous ces beaux plans restèrent sur le papier, et ils y sont encore. Il y eut cependant un commencement d'exécution. Les fondations du Luxembourg rouennais furent presque achevées; mais rien n'était encore sorti de terre que déjà un million et quelques centaines de mille francs avaient été engloutis.

Il fallut y renoncer.

Quelques années plus tard heureusement, en 1767, M. de Crosne renonçant à la partie somptueuse pour ne s'occuper que de l'assainissement et de l'agrandissement de la cité, la transformation devint possible. Alors nous pûmes avoir les boulevards, l'avenue du Mont-Riboudet, la caserne du Champ-de-Mars et le Champ-de-Mars lui-même, le Champ-de-Foire ou Marché au Cidre, le quai d'Harcourt, devenu quai du Havre, et la rue qui porte aujourd'hui le nom du célèbre intendant.

X

MICHELET DEVANT L'ABBAYE DE SAINT-AMAND
MAISON CARADAS
UN ASSOMMOIR ROUENNAIS. — ALCOOLISME

J'exprimais plus haut le regret de ne pouvoir vous montrer en tous les quartiers de la ville les coins curieux et pittoresques, les détails artistiques, les fantaisies de tout genre que vous eussiez admirés, les clochers, tours, tourelles, escaliers, plafonds, les portes sculptées, les lambris, les maisons à pignon pointu, les fenêtres ornementées. Parmi les tourelles il faut en citer une curieuse, rue Saint-Amand. C'est un reste de l'ancienne et célèbre abbaye de Saint-Amand, presque entièrement disparue. J'eus un jour, devant cette tourelle, le spectacle inoubliable de Michelet racontant en pleine rue, à MM. Floquet, Chéruel et Alfred Dumesnil, l'histoire de cette abbaye. C'est de là que partait tout nouvel archevêque de Rouen pour sa première entrée dans la cathédrale. Tout le clergé de la ville, tant régulier que séculier, venait assister à la cérémonie. L'abbesse de Saint-Amand, au moment où le prélat allait prendre possession du siège épiscopal, avait ce précieux privilège de lui passer au doigt un anneau d'or en disant : « *Je vous le donne vivant, vous nous le rendrez mort.* » Ces épisodes nous étaient racontés avec une telle verve et une telle vie, qu'en vérité ce fut comme une évocation du moyen âge.

Voilà ce qui me revient à propos de cette tourelle. Les quatre ou cinq escaliers que j'eusse pu vous montrer appartiennent à des maisons qui n'ont rien d'historique. Il en est un (rue Haranguerie), tout près de Saint-Vincent, plus connu que tous les autres parce que des démolitions l'ont mis à découvert depuis quelques années et qu'il se montre à tous les regards ; mais le plus ancien de ces escaliers se trouve place de la Calende, dans une maison actuellement occupée par un plombier. Il remonte aux dernières années du quinzième siècle. Il y a aussi le bel escalier en bois d'une maison de la rue du *Petit-Salut*, habitée quelque temps, me dit-on, par le père de Gustave Flaubert.

Les vieux escaliers, tout naturellement, me ramènent aux vieilles maisons. Je n'en citerai qu'une, mais ce sera la plus vieille. Elle est connue sous le nom de *Maison des Caradas* (*Caradas* ou *Carados* est le nom de ses propriétaires primitifs, sur lesquels on ne sait pas grand'-chose), elle se trouve non loin du quai, rue de la Savonnerie, tout près du Théâtre-des-Arts. C'est une haute et massive mais très remarquable construction en bois, dont chaque étage fait saillie sur l'étage inférieur. Le spectacle est d'autant plus étrange que ce vaste et sombre logis, situé à l'angle de la rue, expose aux regards deux de ses façades. Cette maison a été dessinée et reproduite partout et notamment dans le *Dictionnaire d'architecture* de Viollet-le-Duc. Sa masse imposante, évasée par en haut, en fait comme un tronçon de pyramide renversée, que surmonte un toit pointu. Des maisons de quatre cents ans, on en voit peu; celle-ci dut être une des plus considérables du Rouen de ce temps-là. Elle est d'ailleurs l'indice d'une très grande fortune dans cette famille de *Caradas* ou *Carados*.

Eh bien, ce spécimen des riches habitations urbaines du quinzième siècle se trouve presque porte à porte avec un des plus lugubres refuges de la misère au dix-neuvième siècle, j'entends parler du *cabaret Alphonse*. Ce n'est pas la maison, laide et vulgaire, qui peut intéresser, mais son personnel, c'est-à-dire la réunion attristante des *soleils* de la ville, ouvriers du port que l'on voit en haillons, par centaines, le soir, attendre leur tour ou prendre leur repas debout devant la porte, la place manquant au dedans, ou bien l'ordre étant de ne pas y laisser pénétrer quelques-uns de ces malheureux que l'on tient à ne pas perdre de vue. Ils sont là bien moins pour manger que pour boire, et que boivent-ils?

Je ne vous parlerais pas de ce navrant *assommoir* s'il n'avait chez nous une sorte de popularité : les artistes l'ont reproduit, les journaux en ont entretenu le public. Je vous ai dit le bien, le beau de la vieille ville, ceci en est le revers; j'étais heureux de vous montrer ce qui fait notre fierté, mais voilà ce qui doit nous rendre humbles :

c'est un reste terrible des misères du passé, aggravées de l'alcoolisme, un mal nouveau, une plaie, une folie, une fureur inconnue de nos pères. L'alcoolisme tel que l'observait le docteur Villermé, il y a cinquante ans, à Rouen et à Lille, l'alcoolisme, cet empoisonnement cérébral, l'alcoolisme, favorisé, développé, provoqué par une industrie sans conscience, a produit des effets d'année en année plus épouvantables. Ce cabaret sera l'un des exemples que dans l'avenir on évoquera contre nous. Le voici déjà célèbre. Un interne de l'asile des aliénés de Rouen, M. Tourdot, publiait il y a quelques années sur *l'Alcoolisme dans la Seine-Inférieure* une thèse qui ne permettra pas l'oubli de ce qui se passe à deux pas et à l'ombre de la maison Caradas. Cette thèse, je l'ai lue avec un inexprimable frisson. On y voit comment en ce lieu les cerveaux se préparent pour l'aliénation, comment il sort de là des folies, des bouleversements gastriques et cérébraux, des troubles du système nerveux qui étonnent l'imagination. Ce n'est plus l'ancienne ivresse inoffensive, c'est l'enragement de tout l'organisme, la perversion de tout l'être humain. La thèse de M. Tourdot a été très remarquée : il y a de quoi !

Et pensez-vous que l'on boive ici pour le plaisir de boire ? Oh ! détrompez-vous : quelquefois c'est pour eux une souffrance; mais le besoin est indomptable ; pas une cellule vivante de leur chair qui n'appelle cette souffrance. Écoutez seulement ces lignes de M. Tourdot; je cite textuellement; il s'agit de femmes « saoules, abruties, ne se parlant pas, fixées dans un coin comme des statues, les

plus ivres soutenues par les autres qui leur servent de
piliers ; de temps en temps elles vont chercher un verre
d'eau-de-vie au comptoir en disant quelquefois : « Ah
mon Dieu ! qu'elle est mauvaise ! donnez-moi-z-en encore
un verre.... »

Ça les brûle, ça les crispe, ça les tord, mais ils en redemandent, il leur en faut. Ah ! quelle enquête terrible
faite par M. Tourdot sur une de nos plaies sociales ! Pour
bien redire ces choses, il faudrait la plume et l'âme d'un
Dostoïevsky, le grand écrivain russe.

Mais écartons de notre pensée cet autre enfer, et disons-nous bien que l'histoire de la misère chez tous les peuples
et dans tous les siècles, si quelqu'un était en état de la
faire, nous vaudrait des tableaux encore plus effrayants.
On a vu au moyen âge des provinces entières prises de
fureurs causées non par l'alcool, mais par la faim.

Ajoutons seulement que cette misère s'étale *place des
Arts*, précisément en face du théâtre, et que le soir, à
l'entrée du spectacle, les deux foules se coudoient :
habitués du théâtre, habitués de l'assommoir Alphonse,
et du fond de la place, par les fenêtres étroites de la
maison Caradas, quatre siècles contemplent !...

XI

TEMPLE PROTESTANT DU GRAND-QUEVILLY
THOMAS CORNEILLE. — FONTENELLE

Remontons de la maison Caradas par la rue Grand-Pont, en train de s'élargir pour faciliter l'accès au nouveau pont; cela nous permettra de jeter un dernier coup d'œil au Bureau des Finances, à la cathédrale, et puis nous tournerons à gauche par la rue de la Grosse-Horloge, où nous repasserons sous le *Gros*. Voici la rue Jeanne-d'Arc; c'est notre voie pour regagner la gare ; mais, s'il vous plaît, asseyons-nous un instant dans l'élégant square Solférino : peu de jardins aussi bien soignés, aussi frais, aussi verts, aussi fleuris. Il a pour l'embellir ce que peu de jardins sans doute peuvent offrir : de l'allée qui longe la rue Jeanne-Darc, en regardant vers l'est, vous apercevrez, par une agréable percée, la tour Saint-Laurent; c'est pour un jardin public une pièce ornementale rare ; mais ce n'est pas, à Rouen, le seul jardin qui soit dans ce cas : le jardin de l'Hôtel-de-Ville a pour embellissement sa floraison architecturale de Saint-Ouen. Sa propre flore en est comme écrasée; à Solférino au contraire la tour Saint-Laurent, vue dans le lointain à travers branches, est d'un effet léger, aérien et gracieux. Ce serait peut-être l'occasion de résumer notre promenade. Pour moi, je crois vous l'avoir déjà dit, Rouen n'est pas seulement un musée, c'est un livre, c'est une bibliothèque historique, dont les édifices et les murs sont les chapitres et les pages. Vie du passé, vie du présent ont en ces lieux leur empreinte. D'autres villes en France et en Europe portent comme Rouen les traces du passé, mais sont moins vivantes de la vie moderne.

Rien qu'à se promener par les rues avec quelque attention et quelque étude, on apprend chez nous bien des choses historiques, artistiques, économiques et sociales. On a d'ailleurs ici tout ce qu'il faut pour s'instruire : collections de tous genres, riches musées, amples bibliothèques.

En examinant les côtés historiques et artistiques de Rouen, et en le montrant comme cité industrielle, peut-être n'y ai-je pas fait voir assez le grand centre agricole, le grand centre commercial. Mais l'importance commerciale de Rouen, ses quais, son fleuve, ses navires ne vous l'ont-ils pas suffisamment indiquée? Quant au côté agricole, si, en traversant ses campagnes en chemin de fer ou autrement, vous avez remarqué la variété, la richesse de son sol, la bonne tenue de ses cultures, l'air d'abondance que partout on y respire, vous resterez sur ce point, même sans documents écrits, convenablement édifié. Il ne faut pas que même les artistes dans leurs voyages ne s'intéressent qu'à l'art : il ne suffirait point lui tout seul à soutenir les peuples; s'il est le charme de la vie, il n'en saurait être la base. Et pourtant combien d'entre nous, sans lui, ne supporteraient pas la vie! Jamais il n'y eut grand peuple sans grands artistes. Rouen qui fut de tout temps ville de fabrication active, de lointain commerce, fut aussi de tout temps la ville aux beaux édifices, aux tours, aux palais, aux maisons féeriques; on y était riche et l'on y était digne de l'être, on y aimait les arts, on y aimait aussi les lettres et les sciences. Depuis l'invention de Gutenberg, elle n'a cessé de posséder d'actives et habiles imprimeries. Les artistes, les poètes et les savants de premier ordre y sont nés, y ont été nourris.

Des coteaux qui l'environnent, de la côte Sainte-

Catherine, de Canteleu, du Boisguillaume, cette grandeur se pressent. Plus on a aimé Rouen, plus on l'a connu, plus aussi l'on se plaît sur ces hauteurs. On voudrait de là évoquer l'âme de la cité, âme fière, puissante et tragique. Nous la retrouverions, cette âme de Rouen, dans quelques-uns de ses hommes célèbres, en Corneille, en Cavelier de la Salle; en Boisguillebert....

Mais arrêtons-nous ici, car le sait-on assez ? La réforme profonde qui devait résulter de l'entrée des sciences dans les lettres et qui fut l'œuvre immense du xviiie siècle, nous en apercevons la préparation en deux Rouennais de la même famille : Thomas Corneille et Fontenelle, en Fontenelle surtout qui, par ses *Éloges des académiciens*, reste l'un des plus clairvoyants et plus fermes esprits du dernier siècle. Sa biographie est à faire et se fera, c'est une de nos gloires rouennaises les plus solides ; mais on semble ne pas s'en douter. On ne veut toujours voir en lui que le bel esprit, le poète agréable, le *Berger normand* et tout au plus l'auteur de la *Pluralité des mondes*, ouvrage qui n'eut de hardi que son titre.

Thomas Corneille, encore plus méconnu que son neveu Fontenelle, classé, de son vivant, parmi les émules heureux de son frère, semble pourtant aujourd'hui n'avoir été que par l'influence fraternelle enrôlé et retenu parmi les poètes dramatiques. Ses tendances personnelles étaient autres. Aussi le voyons-nous en 1684, à la mort de Pierre, son aîné de presque vingt ans, renoncer d'abord à Melpomène, comme on eût dit alors, affranchi qu'il se sent du protectorat autoritaire de cet aîné qui, l'éblouissant de sa gloire, l'avait préparé, stylé pour le théâtre. Le voilà qui tout de suite s'associe à Donneau de Visé et collabore à la première des *Revues* françaises. Mais cette collaboration encore trop exclusivement littéraire ne suffira pas à ce travailleur infatigable : *poète à tout faire*, comme on a dit de nos jours. Il va publier, en 1694, un *Dictionnaire des Arts et des Sciences*, en deux volumes in-folio, c'est-à-dire quelque chose comme une encyclopédie avant d'Alembert. Et ce n'est pas tout, les quinze dernières années de sa vie seront employées à la préparation, à la rédaction, à la publication d'un *Dictionnaire universel géographique et historique, contenant la description des royaumes, empires, états, provinces, pays, contrées, déserts, villes, bourgs, abbayes, châteaux, forteresses, mers, rivières, lacs, baies, golfes, détroits, caps, îles, presqu'îles, montagnes, vallées, la situation, l'étendue, les limites, les distances de chaque pays, la religion, les mœurs, les coutumes, le commerce, les cérémonies particulières des peuples, et ce que l'histoire fournit de plus curieux.....*

3 vol. in-fol., imprimés chez Jean Coignard, imprimeur du Roy et de l'Académie française, 1708.

Agé de quatre-vingt-trois ans, retiré dans sa solitude des Andelys, il perd la vue à corriger les épreuves et meurt en 1709, l'année qui suit l'achèvement de l'œuvre colossale.

Ce vieillard aveugle et pauvre, mais moins aveugle et moins pauvre que la plupart de ses biographes, qui n'ont voulu voir en lui qu'un disciple de son frère, avait mis au jour le *Dictionnaire géographique*, ne l'oublions pas, en 1708. C'eût été comme l'entrée en xviiie siècle si l'esprit d'examen et de critique n'avait manqué à cette énorme compilation. Mais ce n'en fut pas moins une vaste et minutieuse enquête étendue au monde entier. La tendance scientifique est timide mais elle est manifeste, et ne la lui a-t-on pas récemment encore reprochée comme une faute? Thomas Corneille avait ambitionné et obtenu un siège à l'Académie des inscriptions quelques années après sa réception à l'Académie française, au fauteuil même qu'avait illustré son frère. Mais c'est du côté des sciences décidément qu'il dirige le neveu Fontenelle après la mort de Pierre.

Et bien certain est-il que jamais Pierre n'eût acheminé personne vers les sciences. Il ne les aimait pas. Nous avons, sur ce point, une très discrète confidence de Fontenelle :

« Il savait les Belles-Lettres, l'Histoire, la Politique;
« mais les prenait principalement du côté qu'elles ont
« rapport au théâtre. Il n'avait *pour toutes les autres*
« *connaissances*, ni loisir, *ni curiosité, ni beaucoup*
« *d'estime*..... »

Fontenelle eut heureusement cette *curiosité* inconnue à l'oncle Pierre, mais déjà naissante chez l'oncle Thomas et, fort heureusement, il *osa* introduire dans ses recherches la critique qu'il étendit à tout; on le vit bien à la publication de *l'Histoire des oracles*. Quoi qu'il en soit, cet éveil d'une littérature fondée sur les sciences eut son origine à Rouen; et c'est à Rouen aussi, on l'a vu plus haut, qu'en 1732 Voltaire vint allumer l'incendie scientifique par ses *Lettres anglaises*. Le véritable renouvellement du monde était en cet éveil d'une littérature scientifique, et je ne sais quelle autre ville y contribua davantage.

Mais j'oublie que voici l'heure de nous séparer ; je veux cependant, en vous accompagnant jusqu'à la gare, vous dire encore ceci :

Je ne vous fais pas et ne songe pas à vous faire une histoire de Rouen, mais je veux au moins vous rappeler que le beau et vivifiant élan de la réforme religieuse et artistique du seizième siècle ne se manifesta nulle part avec plus de force qu'ici. Le protestantisme, qui s'était mis à la tête du grand mouvement industriel et commercial, fut tel à Rouen qu'une nouvelle ville sortie de l'ancienne était en train de surgir dans les plaines de Quevilly avec la rapidité qu'on a vue de nos jours à l'apparition de certaines villes d'Amérique. Les protestants avaient érigé au Grand-Quevilly leur temple, qui était une merveille et dont les dessins nous étonnent.

« Cet édifice, dit Farin, était en dodécaèdre, c'est-à-dire de douze pans égaux, autour duquel régnait en dedans une galerie à triple étage. Il avait deux cent soixante-dix pieds de tour, quatre-vingt-dix de diamètre, soixante-six de hauteur. Il était éclairé de soixante fenêtres et pouvait contenir dix mille sept cents personnes. Il n'était soutenu d'aucun pilier, quoiqu'il fût tout en charpente. Une clef de bois à laquelle toutes les autres venaient rendre, en fermait le comble. Le charpentier qui l'entreprit s'appelait Gigouday ; il le commença en 1600, il fut achevé en 1601.... »

C'est là que se réunissaient, pour y recueillir la parole de pasteurs éloquents, tous ceux de la religion réformée. Les campagnes entraient dans ce mouvement. Des hommes illustres, les Basnage, les Legendre, lui donnaient l'autorité de leur science et de leur caractère. La Normandie comptait déjà plus de cent quatre-vingt mille protestants, et le nombre s'en augmentait de jour en jour. L'industrie, le commerce, l'agriculture étaient exercés par ces cent quatre-vingt mille citoyens, élite du pays pour l'activité, l'intelligence et la droiture ; c'était la grande vie moderne à son aurore. On sait de quelle manière ce mouvement, l'un des plus beaux de l'histoire, fut brusquement étouffé par la révocation de l'édit de Nantes. Ce fut un coup dont peut-être Rouen ni la France ne se sont pas encore entièrement relevés. Le vieil esprit du passé, dont le seizième siècle avait si bien triomphé, reprit force plus que jamais. Un souffle de république avait circulé dans le monde protestant ; l'esprit monarchique regagna le dessus.

La France cependant et la Normandie n'y succombèrent pas tout à fait. La vigoureuse sève nationale recommença de circuler ; elle anima cet incomparable dix-huitième siècle et n'eut plus qu'une pensée, qu'un but : préparer un nouvel élan, une nouvelle explosion de l'esprit moderne. Tant il est vrai que la France est la grande nation, et que jamais rien ne fut plus français que la Normandie.

7

Ah! si j'étais poète en ce pays de Corneille, ou si j'étais musicien en ce pays de Boïeldieu, j'essayerais de donner à Rouen son poème ou sa symphonie locale (nos arts malheureusement en ce siècle se sont trop délocalisés). Mais, moi, si j'avais du talent, je n'aurais rien de plus à cœur que de rester Rouennais. Oh! alors, voix du passé, voix du présent, ineffables concerts de la nature, souffles de la brise sur les hauteurs, murmures de l'eau venant des vallées voisines apporter aux rives de la Seine leur fertilité, bruits de la marée, grondements lointains de l'Océan qui deux fois par jour vient saluer la Seine, j'essayerais de vous traduire! Je vous reproduirais, éclats de la foudre, tempêtes dans les clochers et les tours, bruits de batailles, cris, hurlements, triomphes et désespoirs! tout cela n'a été ici que trop connu ; grincements d'usines, voix des abandonnés, des malheureux, des alcoolisés, hélas! vous auriez votre note.

Vieille cathédrale, on l'entendrait retentir, ton *Te Deum!* Abbaye de Saint-Ouen, ton *Gloria in excelsis* s'élancerait dans les airs. Tu chanterais, cimetière Saint-Maclou, ton *Dies iræ*, et tu redanserais ta danse des Morts. Palais-de-Justice, tu aurais ta partie en ce concert : *Suum cuique! Justitia!* le beau mot!

Hautes cheminées qui fumez sur Saint-Sever, sur Sotteville et Quevilly, au lieu même où s'élevait le temple de Gigouday, vous nous rediriez, non plus les hymnes huguenots, mais le beau chant des travailleurs :

Nous dont la lampe le matin,
Au clairon du coq se rallume....

Jardiniers, maraîchers, pépiniéristes, cultivateurs, votre chant rustique et joyeux nous rappellerait les aimables idylles de l'hôtel du Bourgtheroulde. Les établissements scientifiques, écoles, collections, musées, bibliothèques, laboratoires de nos jours si heureusement développés, ne seraient point oubliés....

J'ai plus d'une fois entendu en rêve cette symphonie...

Mais que dites-vous de ce projet musical ?... Si vous en concluez que les Rouennais aiment Rouen et qu'ils en sont fiers, vous serez dans le vrai.

XII

LE VALLON BIHOREL ET SES ANCIENNES CARRIÈRES

Vous venez de voir Rouen pour la première fois, et peut-être n'y reviendrez-vous jamais. Je vous en ai fait de mon mieux les honneurs. Mon ambition serait qu'après cette visite (hélas! trop rapide) vous pussiez dire, comme l'a dit, en 1862, J. Levallois, dans l'*Almanach des Normands :*

« Rouen est une ville historique.... Le nombre, la variété, la beauté, l'antiquité, la succession chronologique de ses monuments lui assurent une des premières places parmi les subsistantes, les visibles annales de la province et de la nation.... La meilleure manière d'apprendre et de comprendre, c'est de voir. Nos modernes historiens se sont appuyés sur cette vérité incontestable pour introduire, timidement d'abord, résolument ensuite, l'élément pittoresque dans la narration. Alexis Monteil, Augustin Thierry, M. de Barante, M. Michelet ont compris qu'avant d'entrer dans le drame et de peindre les acteurs, ils devaient, autant que possible, rétablir, créer à nouveau la scène, refaire le *milieu*. Une pensée du même genre a inspiré et soutenu MM. Bordier et Charton dans leur excellent travail intitulé *l'Histoire de France par les monuments....* »

Et J. Levallois ajoute très justement :

« Qui ne visite pas Rouen se condamne à ignorer une partie, un côté du moyen âge. »

> Amis, c'est donc Rouen, la ville aux vieilles rues,
> Aux vieilles tours, débris de races disparues,
> La ville aux cent clochers carillonnant dans l'air,
> Le Rouen des châteaux, des hôtels, des bastilles,
> Dont le front hérissé de flèches et d'aiguilles
> Déchire incessamment les brumes de la mer;
> C'est Rouen qui vous a! Rouen qui vous enlève!
> Je ne m'en plaindrai pas. J'ai souvent fait ce rêve
> D'aller voir Saint-Ouen, à moitié démoli.

On l'a malheureusement beaucoup trop réparé depuis lors.

« Rouen, la septième ville de France pour le nombre de ses habitants, dit Élisée Reclus, est l'une des premières pour la beauté de ses monuments. L'art ogival normand et français y est représenté par des merveilles.... »

Je vous ai fait voir les principales de ces merveilles. Je vous ai indiqué quelques-unes de celles que nous n'avons pu visiter. Vous vous êtes étonné de leur nombre. Combien de coins intéressants on pourrait vous indiquer encore! Les anciennes maisons abondent : rue Étoupée, rue Saint-Patrice, rue de l'Hôpital, rue Saint-Romain, rue de la Vicomté, rue de la Grosse-Horloge, rue du Ruissel, rue aux Juifs, rue Percière, etc.

Les belles promenades de Rouen, nous ne les avons pas vues, ou nous ne les avons vues que de loin : boulevard Saint-Hilaire, boulevard Jeanne-Darc, boulevard Cauchoise, boulevard Gambetta avec ses énormes platanes. Nous n'avons visité aucun des riches environs : Canteleu, Bonsecours, Mont-aux-Malades, côte des Sapins et côte Saint-Hilaire. Entre ces deux derniers coteaux nous eussions trouvé le vallon Bihorel, ancienne propriété des bénédictins de Saint-Ouen. C'est au-dessus de ce vallon que s'était établi l'abbé Marc d'Argent, et c'est de là qu'il surveillait la construction de son église. D'aucun endroit on ne l'apercevait aussi bien, et l'on dirait qu'elle fut placée et bâtie pour être vue surtout de ces hauteurs.

Notons cet autre détail : la pierre qui servit à construire l'immense édifice, c'est du fond même du vallon Bihorel qu'elle fut tirée. On visitait encore, il y a peu d'années, les vastes et belles carrières d'où l'église tout entière est sortie. Ces carrières fermées, oubliées durant plusieurs siècles, je crois, furent retrouvées, il y a une quarantaine d'années, par le propriétaire de ce vallon. On y put voir encore des pierres taillées depuis plus de quatre siècles, restées là sur des rouleaux pourris, comme si le travail avait été tout à coup interrompu par quelque catastrophe. L'accès très facile de ces carrières, leur proximité de la ville, l'élévation et la beauté de leurs ciels, en firent pour quelque temps un lieu de promenade, et puis elles furent refermées et le sont encore.

On comprenait en les visitant quel travail ç'avait dû être que la construction de Saint-Ouen, ce qu'il avait pu demander d'efforts et de dépenses. Il avait fallu de ces hauteurs descendre une à une ces pierres par des sentiers abrupts, étroits, tortueux, presque à pic en plusieurs endroits ; les moines s'y étaient acharnés jusqu'à ne plus voir rien autre chose. Toute affaire et même le salut commun disparaissent à leur yeux. Bâtir leur église, embellir, agrandir le somptueux édifice, cela passait avant tout. La preuve, nous la trouverions dans le livre de M. Puiseux : *Siège et prise de Rouen*.... Plusieurs années à l'avance, en prévision de ce siège, Rouen se préparait à la résistance. La France entière frémissait de cet envahissement par l'Anglais. Malheureusement nos fortifications entre Saint-Hilaire et Martainville étaient en très mauvais état; il fallut les refaire. Charles VI envoya des subsides.

« Cependant, dit M. Puiseux, les subsides royaux étaient loin de suffire ; il fallut que la ville se frappât elle-même de contributions et de réquisitions. Tous durent contribuer en argent ou en nature.... Les gens d'église n'étaient pas plus exempts que les autres. Le 12 juillet 1411 le Conseil mit en réquisition les charrettes de l'abbaye de Saint-Ouen et des maisons religieuses de la Madeleine, de Saint-Lô, de Saint-Amand, de Saint-Gervais, du Mont-aux-Malades, de Grand-Mont et du Pré pour charrier la pierre destinée aux murailles et autres défenses de la ville. Le clergé, invoquant ses immunités, voulut se dérober aux charges de cette nature. Le roi, par ordonnance du 6 février 1412, ordonna que les gens d'église fussent contraints par la saisie de leur temporel à contribuer pour leur part aux impôts mis sur la ville à cause des fortifications. Pareille injonction fut renouvelée le 3 octobre 1415.

« Deux ans après, les moines de Saint-Ouen, indifférents au péril commun, se refusèrent à rien payer.... »

Dom Pommeraye, l'historien de la riche abbaye (je vous l'ai déjà cité), avoue que l'abbaye eut ses luttes et ses malheurs personnels, qui s'ajoutèrent pour elle aux malheurs publics. Les monastères, en se créant une existence à part de l'existence nationale, ne pouvaient que faire naître contre eux des luttes, des représailles, des vengeances. D'ailleurs, si nombre de corporations vivaient d'eux, d'autres en mouraient ou tout au moins avaient à souffrir de cette mise à part de l'intérêt général, qui formait comme un État dans l'État.

Vous voyez maintenant qu'une seule ville, riche en monuments comme Rouen, peut nous résumer toute l'histoire de France. Aucune chronique n'exprima jamais mieux cette puissance des grandes abbayes que ne l fait cette église Saint-Ouen. Aussi son architecte, le trè. .visé Marc d'Argent, l'avait-il placée de façon que de partout la population rouennaise pût l'apercevoir avec sa tour royalement couronnée.

Saint-Ouen, c'est, vous le voyez, un livre d'histoire, et quel livre pour qui le sait lire à toutes ses pages !

Aux moindres choses ici, l'histoire se retrouve. C'est un charme que de l'y suivre de siècle en siècle. Et que de faits importants s'y sont accomplis! Je ne fais pas allusion seulement aux épisodes terribles et pathétiques de la lutte contre l'Angleterre, ni à tant d'autres faits politiques ou sociaux, ni à l'essor qu'en tout temps y prirent les arts, les sciences, les lettres, l'industrie. Rouen y servit de théâtre au procès et à la condamnation de Jeanne d'Arc : connaissez-vous dans l'histoire rien de comparable? Eh bien, la tour où la « grande paysanne », mise en présence des instruments de torture, fit à ses bourreaux ses plus fières réponses, la voici devant nous, près de ce boulevard que nous traversons pour regagner la gare. Elle aura votre dernier regard aux monuments de la *Ville-Musée* que nous venons de parcourir ensemble!

DEUXIÈME PARTIE

ROUEN

II

I

GRINGALET

UN JOUR DE GLOIRE POUR LE PONT SUSPENDU

Des voyageurs affirment qu'en Amérique ils ont parfois *à l'aller* traversé des déserts qu'ils trouvaient *au retour*, quelques mois plus tard, changés en villes superbes, populeuses et florissantes. Cette vieille ville de Rouen n'est pas sortie de terre aussi vite, elle y a mis son temps, et même, ce qui contribue à lui donner aujourd'hui tant d'intérêt, c'est qu'on y retrouve les traces des différents âges qu'elle a traversés. Tout le moyen âge s'y résume. Mais, si Rouen mit tout ce temps à naître et grandir, ses transformations à présent se font vite, on la voit instantanément s'embellir sur quelques points et s'enlaidir sur d'autres.

Des hauteurs voisines, de Bonsecours ou du Bois-Guillaume, vous photographiez aujourd'hui la vieille ville, c'est très bien ; mais ce sera dès demain à recommencer, car, dès demain, nombre de choses auront changé, tant sont devenues rapides nos métamorphoses urbaines et mêmes rurales.

Nous sommes en plein tremblement du monde ; prenez

une photographie vieille seulement d'une douzaine d'années, l'aspect général n'est déjà plus le même, ce pont suspendu que vous voyez là-bas, de construction élégante et grandiose, il fait déjà partie du Rouen disparu ; livré au public en 1836, démoli en 1884, il a été remplacé en 1888 par un pont de fer, l'un des plus beaux de France.

Il y aurait à faire toute une généalogie des ponts qui se sont succédé sur cet empla:ement. Pont de l'impératrice Mathilde, qui donne son nom à la rue *Grand-Pont*; pont de bateaux, établi au commencement du dix-septième siècle... C'était une des merveilles de la ville, ce pont mobile que l'on voyait hausser et baisser avec la marée, qui présentait à son entrée tantôt une descente et tantôt une montée rapide, sur lequel on se sentait doucement bercé, qui s'enfonçait et se relevait par tronçons au passage des voitures, et que l'on enlevait aux jours de grandes débâcles, lorsque la Seine avait gelé. C'était d'ailleurs un des promenoirs les plus fréquentés de la population rouennaise, des bancs nombreux permettaient de s'y asseoir et d'y passer aux soirées d'été des heures délicieuses ; sur les bancs qui regardaient l'aval on avait en vue le coucher du soleil derrière les coteaux de Canteleu, et, des bancs qui regardaient l'amont, c'était le rocher à pic de Sainte-Catherine, avec les ruines de sa vieille abbaye, qu'à cette époque on y voyait encore. La Seine, vue de cet endroit, avec ses navires, continue d'offrir un spectacle superbe... Mais les ponts ne sont plus un lieu de tranquille promenade, de rendez-vous et de causerie.

Quand on arrive aujourd'hui de Paris à Rouen, on y arrive, je l'ai déjà dit, par un souterrain comme on arriverait chez Pluton ; ainsi l'ont voulu les voies de fer ou voies d'enfer... On y arrivait au temps du pont de bateaux par la route de Bonsecours d'où l'on avait sous les yeux le plus splendide des panoramas.

Les *diligences* faisaient leur entrée par la rue Grand-Pont. Aussi ce carrefour du *Quai de Paris*, de la rue Grand-Pont et du Pont de bateaux était-il le lieu où s'étaient réunies toutes les attractions rouennaises : à l'angle même de la rue Grand-Pont le Théâtre-des-Arts (il y est encore); à quelques pas de là, le *théâtre des Quatre-Colonnes*, théâtre populaire s'il en fût, dirigé, illustré par le fameux Gringalet.

Gringalet composait lui-même et jouait dans la perfection la plupart des pièces de son répertoire, quelquefois il rafistolait à son usage les pièces des autres. Double représentation chaque soir : l'une en parade devant la porte et gratuite ; l'autre à l'intérieur pour le public payant. Au dehors, c'était la farce, c'était la *bagatelle de la porte*, mais ce n'était pas, je vous assure, la partie la moins gaie ; au public du dedans, les grands drames, mélodrames, mimodrames et pièces militaires.

La parade au dehors était égayée souvent par des allusions politiques, qui plus d'une fois valurent au directeur-auteur l'amende et la prison. Il est vrai qu'il n'y allait pas de main morte.

Peu après la rentrée des Bourbons, par exemple, il y eut toute une affaire. Gringalet, en charcutier, marchandait un cochon royalement harnaché, conduit par un paysan :

GRINGALET, *charcutier*.

Combien ce gros cochon-là ?

LE PAYSAN.

Dix-huit louis.

GRINGALET.

Dix-huit louis !... ça ne vaut pas un Napoléon !

Les applaudissements éclataient dans le public jusque sur les bords de la Seine ; mais le commissaire arrivait et mettait fin à la comédie. On devine qu'il empoignait le charcutier séditieux.

Gringalet, à sa réapparition, expliquait son absence par un voyage, il parlait des monuments qu'il avait visités et décrivait en véritable archéologue les merveilles d'un édifice appelé le *Violon* ; et puis il se mettait à chanter ce très joli couplet de sa composition :

> Le blanc est la couleur que j'aime :
> Il est l'emblème du bonheur ;
> De la beauté le bien suprême,
> Il peint la vertu, la candeur ;
> Aussi l'on a vu dans la France
> Arriver depuis quelque temps,
> Avec la couleur d'innocence,
> La famille des Innocents.

Tous, jeunes et vieux Rouennais de ce temps-là, nous savions et chantions quelques-uns des couplets de Grin-

galet, retenus de ses parades en plein vent, où lui-même
les chantait de la façon la plus drôle. J'ai le regret de les
avoir oubliés pour la plupart ; mais je m'en rappelle
encore quelques-uns. Celui-ci, par exemple, qu'on m'excu-
sera de citer, je l'espère :

> Si les c.... qui sont dans notre ville
> Avaient chacun une cloche au menton,
> De Saint-Gervais au quartier Martainville
> On entendrait un fameux carillon.

Les voitures ne traversaient que difficilement la foule
sur le quai quand Gringalet faisait sa parade. Le peuple,
d'ailleurs, ne s'y trompait pas, il sentait bien qu'il y
avait là un véritable artiste avec un *facies*, des contor-
sions et des poses inoubliables. On venait d'inaugurer à
Rouen l'éclairage au gaz. Les édifices publics avaient
tous été gratifiés de la nouvelle lumière, y compris la
statue de Corneille... Gringalet avait alors son théâtre
non plus aux *Quatre-Colonnes* (rive droite) mais au
bout du pont de pierre, place Lafayette (rive gauche). La
journée et la soirée s'étaient passées à célébrer le gaz :
discours officiels, articles de journaux, conversation dans
les cafés. Gringalet ne pouvait laisser passer un tel événement sans y prendre part ; il avait composé pour la
circonstance une superbe chanson. Or, ses chansons, il
ne les chantait pas seulement, il les mimait, il les jouait
et les lançait à la foule avec un mouvement de mâchoires
impossible à décrire. Dans sa chanson du gaz, il y eut
applaudissement général, surtout à ce couplet :

> Le grand Corneille y verra
> Mieux que Diogène,
> Car dans sa lanterne il a
> Le gaz hydrogène.

Lus tranquillement au coin du feu, à soixante ans de distance, ces vers n'ont peut-être pas un très grand air, mais dans la bouche de Gringalet, faisant claquer ses lèvres et ses incomparables mandibules, c'était épique... Ceux qui l'ont vu, jeunes alors et vieux aujourd'hui, s'en souviennent encore comme si c'était d'hier.

Si quelque esprit chagrin trouvait que c'est donner trop d'importance à de tels souvenirs, je répondrais que vraiment il y a justice autant que plaisir à ne pas oublier tout à fait ces divertisseurs de la foule et particulièrement nos chansonniers populaires. Je rappellerais cette fin de couplet du plus célèbre d'entre eux :

> Ne soyez point ingrats pour nos musettes,
> Songez aux maux que nous adoucissons,
> Pour s'en tenir au lot que vous lui faites,
> Le pauvre peuple a besoin de chansons.

Gringalet, dans ses dernières années, avant de finir ses jours à l'hôpital, fut d'abord très bien soigné chez lui par sa fille, Mlle Gringalet, une belle personne que je me rappelle avoir vue sur le théâtre paternel jouer le rôle de la servante de Palaiseau dans la *Pie voleuse*.

Le médecin qui le soigna, l'excellent docteur Delzeuses, avait gardé un très bon souvenir de sa fin calme et courageuse. Il reste à Gringalet d'avoir été le plus gai, le plus aimé des amuseurs rouennais depuis un siècle. Que de fois j'entendis mon père s'écrier : je suis en retard, c'est ce « bougre de Gringalet » qui m'a retenu à l'écouter. Et puis mon père, avec de grands éclats de rire, se mettait à nous redire toute la parade.

Que de bonnes heures dues à l'excellent pitre !

Ainsi, chose consolante, il y avait à Rouen, dans ce temps-là, toutes sortes de célébrités locales : magistrats, administrateurs, législateurs, orateurs, poètes, etc., oubliés tous aujourd'hui, mais on n'oublie pas Gringalet.

Non loin du *théâtre des Quatre-Colonnes*, un autre groupe se formait, d'autres rires éclataient ; c'était le père Lajoie, marchand de berlingots et marchand de chansons ; il chantait et mimait ses chansons en s'accompagnant du violon, de la façon la plus drôle. Aux grands jours était réservée la chanson du *Manche à balai*, qui ne manquait jamais d'être bissée avec acclamations. Le père Lajoie enseignait à ses auditeurs l'art des grands balayages et leur apprenait, après s'être servis du balai par un bout, à s'en servir par l'autre.

Les noms du père Lajoie et de Gringalet sont encore aujourd'hui populaires à Rouen. On se dispute leurs portraits aux enchères publiques, et celui du père Lajoie (très ressemblant du reste) est précieusement conservé à la bibliothèque de la ville.

L'entrée des ponts n'a plus cette gaieté ; les théâtres en plein vent, cela ne se voit plus qu'à la foire, et dans quel état de décadence !

Où êtes-vous, Gringalet et Père Lajoie ?

En amont du pont suspendu se voyait un autre pont :

8

c'est aujourd'hui le pont Corneille ; il fut autrefois le pont d'Orléans, puis tout bonnement le pont de pierre, car les noms changent même pour les choses qui ne changent pas ; ce pont, tout en pierre, fut livré au public en 1829. On érigea sur son terre-plein, en 1833, la statue de Corneille. Ce pont ne met pas seulement en communication les deux rives, il y relie une île très vaste et très belle, appelée autrefois *île la Mouque* et puis *île la Croix*. De déserte qu'elle était, la voici devenue, depuis la construction du pont, un grand centre industriel.

On y a bâti il y a quelques années l'un des théâtres de la ville.

Mais revenons au pont suspendu, de structure vraiment décorative et grandiose; c'est à sa disposition décorative que ce pont dut une journée de gloire inoubliable pour ceux qui en furent témoins, le 10 décembre 1840, lors du passage à Rouen des restes de Napoléon Ier, rentrant de Sainte-Hélène.

Laissons les journaux de la localité nous en donner les détails :

« L'espace compris entre le pont suspendu et le pont d'Orléans avait été choisi pour le théâtre de la cérémonie proprement dite, et c'est autour de cet espace qu'avaient été réunis et disposés tous les préparatifs. Le pont suspendu, par sa construction particulière, offrait tout naturellement comme la charpente d'un arc triomphal ; des deux côtés de l'arche principale avaient été dressés deux arceaux de moindre élévation, le tout était recouvert de tentures violettes parsemées d'abeilles d'or et d'N couronnées, sur lesquelles se détachaient des aigles de grande dimension... Sous l'arcade principale étaient suspendues les armes de l'empereur dans un très grand module et dont les couleurs tranchaient au loin. Sous chacune des arcades se balançaient deux Renommées...

« Sur les deux rives et sur le pont de pierre s'élevaient de distance en distance de hauts obélisques revêtus aussi d'étoffes violettes parsemées d'abeilles d'or, et entre ces obélisques se dressaient des socles surmontés chacun d'un faisceau de drapeaux tricolores.

« Du centre du terre-plein, derrière la statue de Corneille, s'élançait dans les airs un immense drapeau tricolore, couronné d'un aigle.

« Ce tableau intérieur était couronné au loin d'un côté par les hauteurs de Sainte-Catherine, où l'artillerie de la garde nationale avait planté son étendard, et d'où elle faisait retentir le bruit du canon, et d'un autre côté par la flèche de la cathédrale, terminée par un oriflamme tricolore dont la base était entourée de drapeaux.

« Malheureusement, tout ce tableau si grandiose, si vaste, si *sublime*, était fréquemment interrompu par une brume épaisse, qui ne s'est quelque peu éclaircie que pendant la cérémonie de l'absoute...

« Maintenant dirons-nous tout ce qu'il y avait de population répandue sur les quais, se pressant aux fenêtres de toutes les maisons des deux rives et jusque sur les toits? Non, jamais pareille affluence ne s'était peut-être vue dans cette partie de Rouen, à aucune époque de son histoire. Toute la population de la ville, on peut le dire, s'était transportée sur le port, et les populations des environs ou même des points les plus éloignés du chef-lieu s'étaient donné rendez-vous à cette solennité unique dans nos annales. Cela seul, indépendamment de toute pompe ornementale extérieure, aurait déjà constitué le spectacle le plus imposant... »

Le canon tonnant sur Sainte-Catherine, toutes les cloches en branle, lorsque parut le bateau-cénotaphe, 200,000 spectateurs sentirent leurs yeux se mouiller, les anciens soldats sanglotaient.

Ce *retour* du prisonnier de Sainte-Hélène fut une émotion non pas seulement pour la France, mais pour le monde entier.

A Rouen donc, jamais on n'avait vu et jamais on y a revu depuis solennité comparable.

Mais, à ne prendre ce souvenir qu'au point de vue de la grandeur décorative, le premier rôle y fut tenu par le pont suspendu, ce que je tenais à consigner.

Je voudrais ajouter que, pour de telles fêtes, il faut qu'un pays soit moralement riche, et la France l'était. Elle était riche d'un trésor inépuisable et qui appartenait à tous : artistes, poètes, orateurs, bourgeois, ouvriers, au village, à la ville, dans les salons, dans les cafés, au théâtre, partout à pleines mains, à plein cœur, puisaient à ce trésor. C'était la légende napoléonienne.

Légende aujourd'hui flétrie, mais qui fit, au commencement du siècle, l'unité de la France et sa force contre l'ancien monde en juillet 1830.

J'eus quelquefois, de 1844 à 1857, l'inoubliable conversation de Béranger sur l'utilité des légendes pour un peuple. Quand Béranger était sur ce chapitre, il ne tarissait plus, et c'est alors qu'il était vraiment un causeur admirable. Les plus illustres durant un quart de siècle venaient chez l'excellent bonhomme s'épancher en toute familiarité : Chateaubriand, Lamartine, Thiers, Arago, George Sand, Michelet, Lamennais. Lamennais aimait à prendre là le café que Béranger lui faisait moudre de ses mains d'apôtre, puis, la conversation intime et amicale se terminait par une confession, et le confesseur c'était Béranger.

Lamennais habitait le plus nu des domiciles. Dans son cabinet de travail, rien autre chose, avec quelques chaises, que son bureau, un piano et le masque de Napoléon mort.

Napoléon était alors partout. Dans les chaumières de Pologne, nous disait Mickiewicz à son cours, dans toutes les chaumières d'Europe on le trouve à côté de la Sainte-Vierge, qu'il a même remplacée en beaucoup d'endroits.

Peut-être n'est-il pas mal de rappeler tout ceci comme explication du retour triomphal des restes de Napoléon, en 1840, et de l'enthousiasme sans exemple qui salua ce retour et qui valut un si beau jour à notre pont suspendu.

Pour en finir avec les ponts, constatons qu'ils eurent longtemps le privilège d'attirer les divertissements de toutes sortes, petits et grands théâtres. En 1827, le *théâtre des Quatre-Colonnes* ayant été démoli pour cause d'élargissement du quai, Gringalet passa de la rive droite sur la rive gauche, devenue beaucoup plus populeuse ; mais il s'y établit encore au bout de l'un des deux ponts, au bout du pont de pierre, à l'entrée du *Grand-Cours*.

Puisque nous voilà ramenés au vieux farceur rouennais, disons un mot du *Rouen bizarre* de MM. Georges Dubosc et A. Fraigneau, où l'on peut lire dans la première partie (écrite par M. Dubosc) une excellente notice sur le cher Gringalet.

« Dans l'histoire du théâtre à quatre sous, la Normandie a le droit de revendiquer les plus illustres farceurs de la rue, les plus célèbres amateurs du pavé; Gaultier-Garguille était Normand et Bas-Normand; Gros-Guillaume était du même pays; Bruscambile fit éditer ses facéties à Rouen, et Antoine, l'illustre Bobèche, fut directeur de petit théâtre à Rouen, où il fut aussi machiniste au Théâtre-des-Arts. Gringalet, le célèbre Gringalet, parmi les paradistes et les acteurs de petit théâtre, a été peut-être, dans la première partie du siècle, le personnage le plus populaire, le plus aimé, le plus fêté de toute la Normandie.

« Gringalet s'appelait, de son vrai nom, Jean-Marie Brammerel; il était né en 1789, dans la Côte-d'Or... »

Il a écrit lui-même ceci :

« Le fabricant de mon chétif individu était un honnête et bon menuisier du département de la Côte-d'Or : il était renommé surtout pour la confection de ses cercueils, aussi les morts du pays le firent-ils vivre longtemps dans une douce aisance, ainsi que la bonne Marguerite Vallat, ma mère, ce qui me faisait dire quelquefois aux vignerons, nos voisins, que notre commerce de *bière* valait mieux que leur commerce de vin... »

Gringalet qui, toute sa vie, comme il l'a dit lui-même, « ne travailla que pour la gloire et le boulanger », mourut à l'hôpital le 26 juin 1845, en pleine connaissance, « dans les bras d'un ami ».

« A la suite d'une altercation qu'il eut avec des Anglais, dit M. G. Dubosc, dans un restaurant du Clos-Saint-Marc, il tomba malade, et une fièvre violente se déclara; on dut le transporter à l'hôpital... Pendant les trois semaines de souffrances que dura sa maladie, Gringalet fit montre d'un caractère stoïque et donna les plus grandes preuves que, sous son enveloppe, se cachait une fort belle âme... »

C'est une des lacunes de notre société actuelle de n'avoir plus le théâtre à quatre sous et surtout la parade gratuite et en plein vent du théâtre à quatre sous.

Nul doute que les petits théâtres à parade ne soient la vraie cause du succès permanent et même croissant de notre foire Saint-Romain; pendant un mois le populaire peut s'en donner à cœur joie de ces représentations.

Aussi la foire est-elle chaque année dans notre ville un événement capital. Mais ce ne sont plus, comme il y a soixante ans, les riches étalages des marchands qui attirent la foule, ce sont les saltimbanques et leurs parades.

II

LE SEIGNEUR MONDE DEVENU MAITRE DE LA VILLE

Les voyageurs arrivant autrefois de Paris faisaient leur entrée — nous l'avons vu — par la rue Grand-Pont. Les choses étant tout à fait changées, nous ferons aujourd'hui la nôtre par une voie plus largement ouverte, plus circulante, plus en harmonie avec la vie moderne, par la rue Jeanne-Darc, qui traverse la ville du sud au nord dans toute sa longueur, allant des quais au boulevard. Mais, au lieu que pour notre première promenade nous l'avons descendue, cette fois nous la remonterons.

Nous suivrons donc quelques instants le quai. Tout d'abord s'offre à nous le cours Boïeldieu avec la statue en bronze de l'auteur de la *Dame Blanche*, œuvre très réussie de Dantan. Avançons encore : un horizon superbe se déploie ; la Seine au premier plan, et là-bas de gracieux coteaux, Canteleu et sa petite église, dont le clocher, qu'on découvre de trois lieues à la ronde, a je ne sais quoi d'élégant et de gai. Canteleu était la *paroisse* de Gustave Flaubert, qui écrivit son plus célèbre roman au pied de ce coteau, Croisset n'étant qu'un hameau de Canteleu. Quant à Canteleu (autrefois rendez-vous des loups, *chante-loup*), au dire de Voltaire, qui y séjourna plusieurs fois, c'était un des plus beaux lieux du monde. Corneille, à sa maison de Petit-Couronne, eût été tout voisin de Flaubert.

Les bois de Canteleu sont aujourd'hui encore un Eden, et, lorsque de ces bois on redescend par Croisset, pour revenir à Rouen, on peut se vanter d'avoir fait une promenade rare : bois, coteaux, sentiers pleins de mystère et de paix, panoramas immenses, rives délicieuses de la Seine ; on rentre à la ville heureux et vivifié, surtout si l'on a fait ce pèlerinage au temps des roses. Croisset, Dieppedalle, le village voisin, en sont enveloppés, avec une profusion et un éclat extraordinaires ; de tous les jardins, leurs rameaux échevelés, effrénés, grimpent le long des murs et jusque sur les buissons ; les roches en sont tapissées. La Normandie, on ne le sait pas assez, est le pays des roses. Elle est aussi le pays des beaux jardins. Ses vallons, ses eaux si pures, ses coteaux, ses bosquets, ses futaies, ses forêts seraient pour les peintres un sujet inépuisable de paysages ; quelques-uns commencent à le soupçonner.

Personne n'a plus que Flaubert admiré le panorama superbe de Croisset, mais, chose singulière, ces splendeurs parfois le dérangeaient, il en était importuné ; il fermait alors ses rideaux et quelquefois ses volets.

Corneille semble n'avoir jamais rien vu des splendeurs de Petit-Couronne ; vous n'en trouveriez pas trace dans ses œuvres. Voltaire, le premier, découvrit les magnificences de ce lieu ; mais qu'eût-ce été de Jean-Jacques, s'il l'eût connu ?...

Du bas de la rue Jeanne-Darc, où nous voici arrivés, tout cela se devine. Aussi pas un visiteur qui, de ce point, apercevant là-bas, dans le ciel, le clocher de Canteleu, ne soit pris du désir de s'y envoler. Mais les ailes nous manquent ; contentons-nous de monter tranquillement la rue, elle a son intérêt. Mais, tout d'abord, un mot de réflexion.

Ces larges voies, ces espaces ouverts, ces dégagements de la vue, ces élargissements des quais, cet outillage grandiose de grues, de voies ferrées, de wagons en charge auprès des navires, ces dragues à vapeur, ce roulement de tramways, ce va-et-vient de petits bateaux s'entrecroisant, rapides, au milieu des grands, ces ponts superbes, tant de marques d'un travail et d'une activité formidables, oh ! que cela ressemble peu au Rouen d'il y a soixante-dix ans ! Tout, alors, avait un caractère intime et local : Rouen était Rouen, comme Lyon était Lyon, comme Marseille était Marseille ; mais aujourd'hui, Rouen, Lyon et Marseille, et tout près d'ici le Havre, sont devenues villes européennes. Chacune d'elle a cessé d'être aménagée en vue de ses seuls habitants ; elles ont pour les peupler des hôtes, résidants ou passagers, appartenant à toutes les nationalités. C'est le Monde, le Seigneur Monde, aujourd'hui qui les anime et circule dans ses rues ; une rue, au moyen âge, appartenait exclusivement à ses habitants ; ils la barraient de chaînes le soir et la ville elle-même fermait ses portes.

Un bas-relief en pierre d'une maison de Rouen, *rue Étoupée (Bouchée),* nous offre le spectacle d'un voyageur se présentant aux portes fermées de la ville..... Pauvre homme !

Aujourd'hui, plus de murs, plus de portes et partout

les chemins ouverts, les wagons sur leurs rails et les omnibus toute la nuit en circulation turbulente, pour le service des étrangers. Dans les hôtels, des domestiques parlant toutes les langues. Quelques archéologues chagrins et grognons pleurent et gémissent sur le vieux Rouen disparu. Ne vaudrait-il pas mieux se réjouir du Rouen nouveau, du Rouen élargi, aéré, éclairé? Les rues étroites, obscures, humides, sales, puantes, ont fait place à des rues claires, spacieuses, où circule l'air, où brille le soleil; si nombre de pignons, de coins artistiques et même quelques édifices importants ont disparu dans une telle transformation, faut-il ne s'en jamais consoler et toujours invectiver contre le temps présent? Ah! si tout à coup une fée puissante nous restaurait le Rouen du siècle passé, quel cri d'horreur sur l'impossibilité d'y vivre!...

Montons à petit pas la rue que nous suivîmes, en la descendant, au début de ce livre. Tout de suite, à droite et à gauche, nous y apercevons une de ces anciennes rues, spécimen du vieux Rouen : c'est la *rue des Charrettes*, ruelle obscure, humide, glaciale en été, triste en toute saison. Nous y reverrons des monuments déjà visités : Saint-Vincent, la tour Saint-André, le *Gros*, mais nous ne nous y arrêterons pas et nous continuerons notre promenade.

Je veux seulement, en revoyant la jolie tour Saint-André, vous rappeler que l'église dont elle faisait partie fut enlevée au culte en 1791. On l'a tout-à-fait démolie depuis. Quant à la tour, on s'en est servi pour fondre du plomb de chasse, et je crois qu'elle dut à cette adaptation lucrative d'être conservée.

Repassons sous le *Gros*, et puis, allant un peu à l'aventure, nous remonterons la rue des Carmes où nous pourrons donner un coup d'œil à la très belle Cour des Comptes devenue aujourd'hui loge de francs-maçons, et puis voici la rue Ganterie que nous suivrons pour retrouver, sur la place de la Pucelle, l'hôtel du Bourgtheroulde.

III

LE ROUX, TOURNEUR EN IVOIRE
GUILLAUME LE ROUX, PREMIER DU NOM, EN 1450
PLACE DE LA PUCELLE

Il y avait, il y a soixante ans, dans cette rue Ganterie, un habile tourneur en ivoire appelé Le Roux.

Sa boutique, une des plus jolies de Rouen, en ce temps-là, fut aussi l'une de celles où l'on vit pour la première fois le quinquet à l'huile remplacer la chandelle. Du côté droit de cette boutique (le mot *magasin* n'était pas encore en usage), on voyait Le Roux à son tour, au milieu de ses ivoiries, boules de billard, objets de toute sorte, ouvragés, creusés, ciselés, ajourés...; le côté gauche était réservé aux bibelots de luxe : vases, coffrets, tabatières, étuis, flacons, nécessaires de voyage, de toilette ou de travail. Sur une superbe enseigne, en dehors, les passants pouvaient lire :

Où allons-nous ?
Chez Le Roux.

Mme Le Roux, belle personne, agréable et avenante, présidait à ce côté bibelots. Pas d'étranger visitant la ville qui n'eût à cœur d'emporter de là quelque souvenir rouennais.

Où allons-nous?
Chez Le Roux.

C'était le mot à la mode.

Eh bien, nous aussi, nous allons chez Le Roux.

Le Roux fut, en effet, le nom du riche et fastueux gentilhomme qui, vers la fin du XVe siècle, fit bâtir cette merveille : *l'hôtel du Bourgtheroulde*, que nous avons déjà vu, mais que vous voulez revoir. Je tiens à vous soumettre d'ailleurs une réflexion. Nous avons vu que ce quartier de la rue de la Vanterie, où fut édifié le *Gros*, était peuplé de riches drapiers, et qui disait fabricant de drap en ce temps-là, disait éleveur de moutons. Je crois l'avoir déjà dit.

Ne serait-ce pas en vue de complaire aux moutonniers de son entourage que le seigneur Le Roux, homme d'esprit sans doute et de haute ambition, voulut que son hôtel n'offrît comme ornement que pâturages, pastours et pastourelles, béliers, brebis et agneaux? La pastorale, l'idylle et l'églogue étaient, en poésie, le genre à la mode : Remy-Belleau, Taboureau, Baïf, Ronsard, Du Bartas, Passerat, Martial d'Auvergne et tant d'autres excellaient aux paysanneries ; l'heure approchait où Jacques Amyot allait si joliment traduire les pastorales antiques que Paul-Louis Courier, il y a soixante ans, a traduites mieux encore. Si vous en exceptez la célèbre entrevue des deux rois de France et d'Angleterre, sur le bâtiment de gauche, le reste ne me semble, que la mise en scène du gracieux début d'une de ces pastorales du vieux temps.

« ... chassant dans un bois consacré aux Nymphes, dit le vieil auteur traduit par le vigneron Paul-Louis, je vis la plus belle chose que j'aie vue en ma vie, une image peinte, une histoire d'amour. Le parc de lui-même était beau ; fleurs n'y manquaient, arbres épais, fraîche fontaine qui nourrissait et les arbres et les fleurs ; mais la peinture, plus plaisante encore que tout le reste, était d'un merveilleux artifice ; tellement que plusieurs même étrangers, qui en avaient ouï parler, venaient là dévots aux Nymphes et curieux de voir cette peinture. Femmes s'y voyaient enveloppant de langes des enfants, des petits poupards exposés à la merci de Fortune, bêtes qui les nourrissaient, pâtres qui les enlevaient, pirates en mer, ennemis à terre qui couraient le pays, avec bien d'autres choses, lesquelles je regardai en si grand plaisir, et les trouvai si belles, qu'il me prit envie de les coucher par écrit... »

Vous avez là, je crois, à bien peu de chose près, tout l'hôtel du Bourgtheroulde, au moins quant à l'esprit, quant au souffle inspirateur. Relisez, si vous avez de la patience, les descriptions que cent archéologues en ont faites, vous y trouverez, ne fût-ce que dans les inscriptions rustiques, toute la poésie du temps : c'est comme un tableau complet de la vie champêtre en toutes ses données, mais en ses données gaies. Rien de plus gaulois, de plus français, de plus *renaissance*. C'est Longus, c'est Hésiode, c'est Théocrite et Virgile, que les poètes d'alors étaient en train de nous ressusciter. C'est un peu avant Rabelais un pressentiment de l'abbaye de Thélème ; c'est un peu l'Utopie de Morus. On dirait qu'il n'y eût pour ces villageois-là que du bonheur :

> Dieu sait quelle joye
> ....

Quel élan d'émancipation vers la nature et combien l'on était loin déjà du sombre moyen âge! C'est l'espoir de *renaître*, de retrouver la vie des champs. Je ne sais rien, quant à moi, qui retrace mieux la belle inspiration d'allégresse des premières années du xvie siècle que cet admirable hôtel du Bourgtheroulde.

Tous ces bas-reliefs, si bien reproduits par E.-H. Langlois dans le livre de Delaquérière sur les *Maisons de Rouen*, ont une grâce, un charme, une naïveté qui enchantent l'œil et touchent le cœur ; on est pris malgré soi à revivre au vieux temps.

Nulle part la pierre ne s'est montrée avec cette gaieté; on danse et l'on chante avec ces bergers et bergères. Avec ceux-ci, on joue à la main chaude ; on se livre avec ceux-là aux plaisirs du bain, de la natation et de la pêche, on prépare le repas, on veille à la soupe, on joue, on rit,

Ailleurs on fauche, on fane. Peut-être mon lecteur se rappelle-t-il ce que Mme de Sévigné disait du fanage :

« Faner est la plus jolie chose du monde, c'est retourner du foin en batifolant dans une prairie. »

Aussi s'en donnent-ils à cœur-joie du batifolage, tous ces paysans de l'hôtel du Bourgtheroulde! Thomas Corneille, après Molière, dans le *Festin de Pierre*, fait très bien dire à Pierrot :

> ... Tant qui a don
> Sur le bord de la mar, bien leu prends que j'équions,
> Où de tarre Gros-Jean me jetoit une motte,
> Tout en batifolant, car com' tu sais, Charlotte,
> Pour v'nir batifoler, Gros-Jean ne cherche qu'où,
> Et moi parfois aussi je batifole itou.
> En batifolant donc, j'ai fait l'apercevance.
>
>   Etc.

S'il y avait donc à donner un titre aux gaietés sculpturales de l'hôtel du Bourgtheroulde, en serait-il de meilleur que celui-ci : *Les grands batifolages des paysans de France?*

Maintenant me demanderez-vous des détails sur la construction de ce palais? Je n'en sais pas plus en vérité que ce que nous en ont dit ou redit tout récemment deux architectes, M. A.-J. Lafon et M. A. Marcel, en tête d'un grand et très bel album intitulé : *l'hôtel du Bourgtheroulde, à Rouen.*

« Cet Hôtel, y est-il dit, est l'œuvre de la famille Le Roux, une des plus anciennes maisons nobiliaires de la province de Normandie. Guillaume Le Roux, premier du nom, se maria vers 1450; son fils épousa, en 1486, Jeanne Jubert de Vély, dont il eut plusieurs enfants : Guillaume, Claude et Nicolas; il acheta les terres de Bourgtheroulde, de Lucy, de Sainte-Beuve et fut l'un des quinze conseillers laïques appelés à l'Echiquier en 1499. Ce fut lui qui, sur l'une des places de la ville, Marché-aux-Veaux, commença le magnifique palais que nous voyons encore aujourd'hui, monument de sa grandeur et de son opulence. »

Déjà M. Delaquérière, dans la *Description historique des maisons de Rouen*, nous avait appris que le célèbre hôtel, « commencé par Guillaume Le Roux, seigneur de Bourgtheroulde, qui vivait en 1486, fut terminé dans la première moitié du xvie siècle par Guillaume Le Roux, son fils, abbé d'Aumale et du Val-Richer. »

Revenus que nous voilà, par cette chère *rue du Gros*, jusqu'au Bureau des Finances, redescendons la célèbre rue Grand-Pont. Elle nous remettra sur le quai, en face du nouveau pont. Arrivés là, nous tournerons à gauche.

Un petit bout de rue nous ramènera en quelques instants sur l'étrange place de la Basse-Vieille-Tour déjà visitée et nous remonterons la rue de l'Épicerie.

Vue du bas de cette rue, la cathédrale est d'un effet magique, s'élançant du milieu des bicoques crochues, agenouillées, grimaçantes, mais soumises et dressant, comme un appel ou comme une espérance, leurs pignons vers le ciel; l'immense édifice écrasant de sa masse, maléficiant de son ombre, de son humidité toutes ces pauvres maisons, n'en montre que plus et que mieux sa puissance,

Michelet, à Rouen même, il y a quarante ans, voyant commencer l'isolement des grands édifices religieux et civils, faisait cette observation qu'on leur enlevait ainsi un de leurs principaux caractères historiques.

« S'ils y gagnent peut-être au point de vue de l'art, ils y perdent de leur fascination dominatrice. »

« Une église isolée de la population, ne la couvrant plus de son aile, ne la tenant plus blottie à ses pieds, est-ce encore une église? nous disait le célèbre historien; — la cathédrale ne germant plus du fouillis vivant des maisons, des toits, des cheminées, des lucarnes, semble n'être plus qu'un objet de curiosité. C'est peut-être encore l'ornement de la cité, ce n'en est plus l'âme. Qui n'aura pas vu les cathédrales s'enracinant ainsi dans les maisons, les couvrant comme une forêt de leurs clochers, clochetons et pyramides, ne pourra guère se rendre compte de leur ancienne puissance; ce dégagement des grands édifices est peut-être une nécessité de la voirie moderne, mais il pourra fausser l'histoire. Ils n'avaient point été bâtis en vue de cet isolement; l'art, en ce temps-là, ne primait pas la foi. Pouvoir sacerdotal à l'église, pouvoir municipal dans les hôtels de ville, pouvoir judiciaire aux palais de justice, pouvoir seigneurial dans les hôtels, tenaient moins encore à briller qu'à trôner et dominer. Pour la protéger ou l'opprimer (les deux sont vrais), ils n'eussent su tenir de trop près la population, quelquefois soumise et quelquefois révoltée. »

De cette rue de l'Épicerie la cathédrale nous présente donc un de ses aspects les plus intéressants, les plus saisissants, les plus *historiques;* c'est un des points de Rouen où le passé a le plus fortement marqué et laissé son empreinte.

IV

UN PETIT COIN RARE

Un ami parisien ayant sonné à ma porte, rue Restout, sans me trouver, au mois de juillet 1888, alla se reposer quelques instants sous les accacias d'en face et m'écrivit le soir, de son hôtel :

« Je m'étais assis sur un banc à deux pas du square Solférino, si frais, si fleuri, si doux par ses ombrages.

« Ayant donné de loin un dernier coup d'œil à ce jardin délicieux, je me dirigeai vers Saint-Godard, et là, tourné vers la rue de la Bibliothèque, j'eus un spectacle à la fois superbe et navrant. A gauche, l'église et son élégant portail, en face et tout près, dans ce coin étrange, une autre église se présentait de flanc avec sa tour riche et gracieuse : elle sert aujourd'hui d'écurie, d'échoppes à brocantes, de petits logements et de magasins, délabrée au point que les réparations à la vaste toiture sont provisoirement faites avec du carton par un propriétaire qui d'ailleurs peut, s'il lui plait, démolir demain cette merveille.

« C'est l'église Saint-Laurent qui, conservée par l'État comme monument historique, eut été une des gloires de Rouen. Après Saint-Maclou, je n'ai encore rien découvert ici de plus intéressant que cette tour où la pierre semble s'être animée et transformée en une flore, en une faune géante. Là fut le secret, le mystère et la poésie de l'architecture gothique : donner la vie à la pierre. Voilà ce qui en fit un *art*, un grand *art*, et l'*art* est précisément ce qui manque à nos architectes actuels. Oh! qu'ils sachent très bien se servir du compas, de l'équerre, du fil à plomb, qu'ils sachent calculer et combiner leurs lignes, angles obtus, angles droits, angles ouverts, lois de la perspective, ils sont sur tout cela ferrés, ils ont passé de très bons examens, ils ont la science ; mais l'*art*, cela ne s'apprend pas, il faut l'avoir au cœur et dans le sang, il faut en être imbu et pétri.

« L'architecte (et je parle ici sans intention blessante), l'architecte, malgré beaucoup de savoir et d'étude, s'élève rarement à l'art.

« Le rhétoricien, lui aussi, qui toute sa vie étudie l'art d'écrire dans les grands écrivains, qui prétend l'enseigner aux autres, cet art, le plus souvent n'arrivera même pas à soupçonner que l'art d'écrire n'est que l'art de sentir et de penser, qu'il y faut, avec ou sans procédé de style, l'énergie, le tempérament, le caractère.

« Avec l'architecture moderne, la pierre reste pierre. On la taille en cube, on la superpose pour n'en former que des édifices cubiques. Oh! que le *toisé* en sera facile à faire! l'architecte actuel n'est, à son gré, jamais assez loin de l'idée et de l'idéal. Oh! qu'il se gardera bien de l'animer! Il ne la veut que carrément assise, lourde, pesante, nue et morte; la vie semble lui faire horreur.

« L'art, au contraire, et particulièrement l'art gothique, l'art, partout où il a su se produire, n'a rien tant cherché que d'animer la pierre, le bois, le fer. Tout, avec lui, devient flore et faune. Tout vit, tout se meut, tout chante.

« Saint-Ouen chante et dehors et dedans : dehors, c'est une harpe éolienne, dedans une flûte divine….., On entend ses voûtes sourire, murmurer, pleurer. Où sont-ils aujourd'hui ces édifices musicaux ? Votre Théâtre-des-Arts, lui-même, temple de la musique, est un étouffe-son; votre bibliothèque, temple de l'étude, un étouffe-pensée.

« Saint-Ouen, la Cathédrale, le Palais-de-Justice, le Gros-Horloge, l'hôtel du Bourgtheroulde, l'hôtel des Finances, sont des forêts et des jardins; la vie partout y circule, s'épanouit et triomphe, semant les arbres, les fleurs, les créatures imaginaires et réelles. Saint-Maclou est un bosquet charmant où les plantes grimpantes forment ici et là des fouillis délicieux, où viennent nicher les oiseaux réels, les oiseaux vivants.

« Ils sont en pierre, ces édifices, mais ils ont été bâtis par les *maîtres de la pierre vive*.

« Devons-nous cependant leur en vouloir et leur en faire un reproche à nos architectes contemporains ? Voulons-nous-en plutôt à nous-mêmes, car leur œuvre est notre œuvre.

« Demandez, en effet, à nos administrations de peupler nos édifices au dedans et au dehors d'un monde d'ornemanistes. Y consentiront-ils ? Non. Eh ! vraiment, le peuvent-ils ? Sculpteurs, décorateurs en tous genres, au moyen âge, travaillaient presque pour le plaisir de travailler. On logeait à l'aventure, quelquefois dans un coin de tour ou de clocher. On s'y bâtissait une hutte, une maisonnette. On savait vivre le ventre vide, et la journée de l'artiste c'était peu de chose. Le talent, aujourd'hui, songe davantage à son ventre, et le ventre c'est la fin de l'art.

« Voilà, mon cher Noël, d'étranges propos; ils sont moins les miens que ceux d'un vieux parent rouennais, devant qui j'exprimais ma vive admiration des monuments anciens et mon peu de goût pour les monuments modernes.

« Le vieux parent pourtant mettait à ses dires une telle vivacité (bien atténuée ici) que je fus un instant ébranlé.

« Quoi qu'il en soit, dis-je, de votre théorie bizarre des ventres vides et de leur influence sur l'art, je partage votre opinion que ce carrefour de Saint-Laurent, de Saint-Godard et de la Bibliothèque pouvait devenir un lieu unique en France. Il ne fallait qu'acquérir Saint-Laurent (1), le déclarer monument historique, le réparer, l'approprier à recevoir vos collections d'antiquités et de céramique; il ne fallait que raser les maisons d'à côté : gymnase hygiénique, etc., puis de ce terrain mis à nu et réuni à la rue Deshays, à la rue de la Bibliothèque, à la place Saint-Laurent, à la rue Restout, au square Solférino, ne faire qu'un jardin où de jolies promenades

(1) Ce désir s'est réalisé depuis, grâce à l'intervention unanime de la presse locale.

eussent été ménagées. Dites alors dans quelle ville on eût pu montrer deux jardins comparables aux deux jardins de Rouen : jardin de Saint-Ouen avec son église comme monument architectural et jardin de la Bibliothèque avec cette réunion d'édifices : Saint-Godard, dégagé du gymnase, se montrerait par son plus gracieux côté et mettrait en lumière la niche et le dais qui la surmonte à l'angle sud-ouest.

« Et puis, si au lieu d'éloigner la verdure des édifices publics on arrivait à s'en servir pour les faire valoir, en dépit de MM. les architectes, si les laideurs, si les pierres mortes des constructions modernes se laissaient un peu caresser par les fleurs naturelles, puisqu'elles n'ont su fleurir elles-mêmes, quelle transformation de tous ces monuments !

« Les anciens *maîtres de la pierre vive* avaient instinctivement deviné les tendances invincibles et mystérieuses de la pierre : c'est d'arriver à la vie, et c'est ce qu'ils surent lui faire exprimer. Devenir mousse, lichen, graminée verdoyante, devenir ver, mouche, papillon, devenir ne fût-ce qu'un informe lézard, devenir bête réelle ou bête fantastique, enfin ne pas rester pierre : si la pierre peut rêver, voilà ce qu'elle rêve. Or, ce rêve, il avait été d'intuition parfaitement saisi par les anciens architectes. Les nôtres ont bien l'air de l'avoir oublié.

« Quelle ville on pourrait faire de Rouen, en sachant seulement encadrer ses monuments, en leur donnant, à ces monuments, quelques larges avenues !

« La ville, en son ensemble, devenait un musée

incomparable. Je vois avec regret qu'on ne l'a pas compris.

« On ne l'a pas compris, lorsqu'en traçant la rue Thiers on ne l'a pas fait aboutir en face du portail de Saint-Ouen, — ce qui eût été magnifique, vu de la place Cauchoise, — au lieu de la faire aboutir à votre pauvre Hôtel-de-Ville.

« On ne l'a pas compris surtout lorsqu'on a bâti le ridicule pavillon sud de cet Hôtel-de-Ville qui masque une partie de Saint-Ouen.

« Mais, ô juste ciel ! serait-ce vrai ce que l'on m'a conté que des membres du Conseil municipal, sous la Restauration, proposèrent de démolir l'église à partir de la tour, pour mettre plus en vue le temple municipal ? Je refuse de le croire. »

Ainsi écrivait l'ami parisien sous les jolis acacias de la rue Restout, et je pense qu'on pourrait difficilement mieux dire.

TROISIÈME PARTIE

ROUENNAIS, ROUENNERIES

1820-1823

I

LE ROUEN DE CE TEMPS-LA

On a pu, dans ce qui précède, prendre une idée de la ville elle-même, de la ville extérieure à différentes époques de son histoire; il serait bien, pour finir, de donner quelque idée de ses habitants, de leur manière d'être et de vivre, non pas aujourd'hui, mais au commencement de ce siècle où tant de changements se sont accomplis. Si la chose était bien faite, elle serait, je vous assure, intéressante. Sans doute, le fonds de l'homme varie peu ou ne varie qu'imperceptiblement d'un siècle à un autre, mais la surface, le costume, les habitudes quotidiennes, les occupations, les travaux, les plaisirs, les goûts varient vite et varient à l'infini.

Nous allons donc, après avoir décrit les édifices, les rues et les maisons, pénétrer dans quelques-unes d'elles et voir comment vivaient les gens d'alors. Je dirai les *choses vues*, non pas aux lieux où je ne fréquentais pas, mais dans ma propre famille, chez les parents, amis et voisins, peut-être même aurai-je à y mettre en scène ma très mince personne. On m'y verra tout enfant, et puis tout jeune homme.

Ne pas croire pourtant que ceci puisse avoir le caractère autobiographique. Je ne suis pas ennemi des mémoires personnels, j'aurais aimé certainement écrire les miens, mais il ne s'agit pas encore de cela pour cette fois.

Les pages qu'on va lire n'ont nullement cette prétention. Quelques traits dont ma petite enfance ou ma jeunesse écolière furent impressionnées, quelques observations faites dans un entourage immédiat, ce sera tout.

J'avais de quatre à sept ans; c'est l'âge de la solide mémoire. Aussi le Rouen de ce temps-là, je l'ai si bien retenu, que pour certains quartiers, pour certaines rues, je nommerais encore tous les habitants. Que de changements! Il est difficile de s'en faire une idée pour ceux qui ne les ont pas vus se produire. Les archéologues, les historiens, lorsqu'ils en parlent, même en se servant de documents exacts, ne retrouvent pas la note vraie ou ne la retrouvent que rarement.

Rien, par exemple, ne saurait redonner l'idée des quais de ce temps-là, avec leur pont de bateaux, avec leurs maisons en bicoques, inégales, mal alignées, mal d'aplomb, mais d'autant plus amusantes. Les dimanches, toute la ville s'y donnait rendez-vous. C'était comme une foire permanente : la foule avait là ses amuseurs publics. Au premier rang, Gringalet (déjà nommé) et son *Théâtre des Quatre-Colonnes*, dont il ne faut pas se lasser de parler. Comme à la foire, parade en plein vent, parade à quatre ou cinq personnages, avec décors et costumes. Souvent les paroles étaient de Gringalet lui-même; les allusions politiques, je l'ai dit déjà, n'y faisaient pas défaut, et plus d'une fois il arriva que la police intervint et que la parade se terminait en tragi-comédie. Mais Gringalet, quelques jours plus tard, reprenait gaiement ses parades.

On a beaucoup écrit et beaucoup parlé de Gringalet, mais ni moi, ni les autres, n'avons assez dit combien il avait de verve, de hardiesse, de traits imprévus. Vue de face, sa tête était étonnante de cocasserie : nez, bouche, menton, et deux yeux comme on n'en voit pas, taillés, modelés, percés, fendus et contournés pour la farce.

Il y avait aussi le *père Lajoie*, déjà nommé lui aussi. Il y avait *Petit Jean*, en costume de tambour-major, faisant tourner sa canne, se promenant grave et solennel, saluant ici et là et racontant pour un sol, à qui voulait l'entendre, la vie, les grandeurs et la mort de Napoléon Ier.

Et rien n'était plus drôle, et l'on n'a plus actuellement aucune idée de ces récits populaires d'événements superbes dont toutes les mémoires étaient pleines et dont tant de témoins, tant d'acteurs vivaient encore. Les victoires du grand capitaine, racontées par *Petit Jean*, nous les écoutions, bambins que nous étions, comme on écoutait les récits des soldats, comme on écoutait au coin des rues les refrains d'Émile Debraux :

> Ah ! donnez-lui, compagnons de sa gloire,
> Seulement une larme, un soupir par victoire.
> ....

Je voyais les ouvriers de mon père, des vieux de Marengo et d'Austerlitz, chanter ces vers les yeux pleins de larmes.

Le peuple ne commença qu'en 1822 à croire à la mort de l'empereur, mais c'était, qu'on y crut ou qu'on n'y crut pas, le sujet de toutes les conversations. La police (toujours bien avisée) ne permettait pas qu'on publiât ou prononçât son nom. On apprit donc à se passer du nom, mais on disait les faits. L'un des premiers, Emile Debraux en donna l'exemple dans les couplets qui, longtemps, furent si populaires... C'était le général Bertrand qui, dans ces couplets, avait la parole :

....
Vous que sa gloire épouvanta,
Êtes-vous contents de l'épreuve
Qui l'a plongé dans le cercueil,
Et permettrez-vous que sa veuve,
Son fils et moi portions son deuil ?

Ah ! donnez-lui, compagnons de sa gloire,
Seulement une larme, un soupir par victoire;
Et plus que lui jamais Français
N'aura coûté de pleurs et de regrets.

Le nom, passé sous silence, l'effet n'en était que plus grand. On avait la joie de pouvoir, en chantant, narguer la police. Béranger ne mit aucun nom dans les célèbres couplets :

On parlera de sa gloire.

Pour Victor Hugo, ce fut *Lui*. Et Victor Hugo représentait la grande poésie.

Mais au cabaret, dans les rues, sur les places, on chantait les refrains de Debraux :

> Ta voix, Émile, évoquant notre histoire,
> Du cabaret ennoblit les échos ;
> C'était l'asile où se cachait la gloire.
> ....

Historique, légendaire, enthousiaste, la chanson prenait peu à peu les allures épiques, et si tant de professeurs d'histoire, tant de critiques littéraires, qui voulaient expliquer comment naissent les épopées, avaient seulement prêté l'oreille autour d'eux le dimanche, à Rouen, sur les quais, et sur les boulevards, à Paris, ils l'auraient appris tout de suite. Mais ils s'en tinrent aux chroniques, aux vieux poèmes... *Petit Jean*, Gringalet, Père Lajoie étaient plus avisés.

Au collège, notre professeur d'histoire, Chéruel, nous faisait lire dans le *Roman de Rou* :

> Taillefer, qui moult bien cantait
> Sur un cheual qui tost allait,
> Devant eux s'en allait cantant
> De Karlemaigne et de Roland,
> Et d'Olivier et di vassaux
> Qui périrent à Roncevaux.
>
> (ROBERT WACE.)

Le *Karlemaigne* moderne avait, comme l'ancien, ses *Taillefer qui moult bien cantaient*, il avait ses Wace, ses Théroulde, si Théroulde est l'auteur de la *Chanson de Roland*. Nous sortions d'un monde qui avait été grand pour entrer dans un monde qui allait être petit.

II

LA VIE DANS LA RUE

« Périsse enfin le géant des batailles,
Disaient les rois, peuples accourez tous,
La Liberté sonne ses funérailles ;
Par vous sauvés, nous règnerons par vous. »
Le géant tombe, et ces nains sans mémoire
À l'esclavage ont voué l'univers.

(BÉRANGER.)

Non le monde n'allait pas devenir petit, mais petits allaient être ses maîtres pendant soixante ans, petits au milieu des circonstances les plus grandes et des transformations les plus universelles et les plus profondes : l'évolution, la métamorphose, le renouvellement, l'agrandissement s'étendaient à tout.

Mais tout paraissait petit et tout se faisait en petit : petit commerce, petite industrie, petits ateliers, les plus beaux magasins éclairés le soir par une chandelle. Nous vîmes avec admiration apparaître à Rouen les premiers *quinquets*, lampes en fer blanc, ainsi appelées du nom de leur inventeur, M. Quinquet. Mais dans les modestes familles, on s'en tint longtemps à la chandelle ; une chandelle à chaque bout de la table et puis, entre deux, les mouchettes sur un plateau brillant.

Des *mouchettes!* parlez donc aux jeunes de cet instrument oublié, ils vous croiront contemporain du Mammouth.

Nos mères mettaient un soin extrême au choix de ce petit ustensile; le luxe et le caprice s'en étant emparés, on en voyait de toute forme, de tout métal. On les vendait chez le quincaillier et chez l'orfèvre. Des gens d'esprit mettaient leur vanité à bien moucher la chandelle; cette habileté consistait à couper net et prestement la mèche de façon à bien éviter qu'elle fumât. Les maladroits, les lourdauds et les enfants ne manquaient pas, quand ils voulaient s'en mêler, d'éteindre la lumière. Que de gronderies paternelles et maternelles m'ont values les mouchettes!

Je ne sais si les jeunes gens d'aujourd'hui peuvent se figurer qu'il y ait eu des temps où l'on n'ait eu, ni la lumière électrique, ni le gaz. Combien, à plus forte raison, ils doivent s'étonner qu'on ait pu vivre alors sans le télégraphe, sans le téléphone, sans les chemins de fer, sans les tramways, sans les omnibus.

Ah! les *omnibus*, ils furent à Rouen accueillis par un éclat de rire, lorsqu'un industriel de Darnétal, M. Durécu, s'avisa d'en établir pour cette localité. Une si folle entreprise ne devait pas durer deux mois, disait-on. Elle dure encore et combien augmentée, étendue!...

Mais que parlé-je d'omnibus, et de voitures, et de chemins de fer! A peine alors y avait-il des routes, et quelles routes. Je faillis un jour, avec mon père, périr en cabriolet sur la route de Neufchâtel. Nous tombions de fondrière en fondrière. Le soin de réparer les chemins dans la campagne était laissé aux misérables communes qu'elles traversaient et qui ne réparaient rien. La création des cantonniers ne devait avoir lieu que dix ans plus tard, aux premières années du règne de Louis-Philippe. Du reste, on voyageait beaucoup moins en voiture qu'à cheval ou à pied. On ne soupçonnait même pas les bateaux à vapeur.

Comme force motrice des filatures de coton, qui commençaient à naître, on avait le manège qu'un maigre cheval suffisait à mettre en mouvement. On ne vit qu'un peu plus tard encore les machines à vapeur. Et quelles machines!

Si quelqu'un avait pu et osé prédire les transformations que nous avons vu se réaliser, on l'eût déclaré atteint d'incurable démence. Hélas! ce fut en tout temps et chez tous les peuples, un dangereux métier que celui de prophète.

Les costumes mêmes d'alors, beaucoup plus qu'il ne le semble, différaient de ceux d'aujourd'hui, parce que la manière de les porter leur donnait je ne sais quoi qu'avec le même costume on ne saurait aujourd'hui retrouver. La chose est surtout sensible au théâtre, dans les pièces où reparaissent les costumes de la Restauration. Les acteurs ne soupçonnent même pas la façon dont cela se portait. L'habitude de fumer et nos costumes actuels ont donné à la tenue des airs et des mouvements qu'alors on ne connaissait pas. Ceci pour les hommes; mais les femmes, avec leurs châles étalés sur le dos en larges losanges, leur *ridicule* à la main, leurs manches à gigot, leur raideur et leurs petits pas de souris, les femmes, dis-je, avec leurs contenances d'alors, seraient pour les jeunes de vrais phénomènes.

Les visages même, je crois pouvoir l'affirmer, ont changé de caractères. On peut constater par les anciens portraits des XVIIIe, XVIIe et XVIe siècles, que *l'expression humaine se modifie d'une génération à l'autre*. Pour moi, qui ai présents encore mon père, ma mère, mes oncles, mes tantes, cousins, cousines, tous les amis, tous les habitués de la maison; qui vois encore tout le quartier, une modification des facultés cérébrales s'est produite, dont le reflet est visible dans les airs de la tête, dans les yeux, dans la voix, dans les attitudes.

Je me rappelle les voisins avec lesquels, en été, l'on se réunissait pour causer, assis sur des chaises ou sur un banc, devant la porte de l'un ou de l'autre.

A notre gauche, un épicier loyal, actif, secourable, plein de bonté qui voulait bien m'apprendre à faire des cornets de papier, à brûler le café, à tamiser le poivre; à droite, un cordonnier, puis un fabricant de bas; en face, un vieil aubergiste, un liquoriste, un boulanger et sa boulangère, belle femme, à la répartie vive et gaie; collection de braves gens; du moins, ils sont restés tels dans mon souvenir, parce que tous étaient bons pour l'enfant. Ils furent pour lui les premiers représentants du monde; il leur dut d'en prendre une bonne idée et je les en remercie.

En eux m'apparut même quelque chose du passé. Les premières leçons d'histoire me vinrent, en effet, de cette société, de ces réunions dans la rue. La rue, en ce temps, avait un caractère d'intimité qu'elle a perdu depuis : c'était comme un jardin, comme une cour commune où l'on causait à l'aise, où jouaient les enfants au grand jour sous l'œil des parents. Celle que nous habitions était d'ailleurs large, propre, bien ensoleillée. On y cultivait ici et là des vignes le long des maisons, on y élevait des poules; peu ou point de voitures, sinon le vendredi, jour de halle et de marché; mais on y était les autres jours tout à fait en famille.

Je me résume : on vivait dans la rue, aujourd'hui l'on y passe.

III

PREMIÈRES LEÇONS D'HISTOIRE

Le vieil aubergiste d'en face avait conservé les anciennes modes. Culottes courtes, souliers à larges boucles d'argent, habit Franklin, cheveux noués en queue de rat par derrière. Cette coiffure du bonhomme avec sa queue était pour moi un problème sur lequel je n'osais interroger personne, mais toute l'histoire de France ne tarda pas de se rattacher à cette queue.

Un jour, en effet, que le vieil aubergiste, pour le mariage d'une de ses trois *demoiselles*, sortait en sa plus belle toilette, le liquoriste dit en riant : « On va le prendre pour un *ci-devant*. » Qu'était-ce qu'un *ci-devant*? Mon père voulut bien me l'expliquer, en mettant la chose, autant que possible, à la portée d'un enfant de cinq ans, et me voilà initié à l'histoire alors toute récente de la Révolution.

Ce fut ma première leçon d'histoire; la seconde ne se fit pas attendre.

Étant un jour monté seul au grenier, j'y trouvai, dans une grande corbeille, entre autres menus objets, une superbe cocarde tricolore. Quel en pouvait être l'usage, je n'en savais rien; mais comme elle portait encore l'épingle qui, autrefois, avait servi à l'attacher, ne voilà-t-il pas que je m'avise d'en orner ma casquette? Fier de cet insigne, je descendis aussitôt dans la rue; mon père, heureusement, rentrait de course; il aperçut, à ma coiffure, l'insigne prohibé, et, tout ému, me prenant dans ses bras, me déposa en hâte dans la maison. Il eût pu certainement nous mésadvenir de cette exhibition innocente. La terreur blanche n'avait pas encore dit son dernier mot, et il y avait à Rouen, pour procureur-général au criminel, un certain M. Chapais de Marivaux qui ne plaisantait pas sur le chapitre des cocardes et qui s'était fait une réputation terrible dans la petite bourgeoisie libérale à laquelle nous appartenions. Heureusement aucun commissaire, aucun agent de police ne me vit avec cette coiffure révolutionnaire. Tout fut sauvé. Mais j'entendis mon père raconter l'histoire aux voisins et leur dire le danger auquel je l'avais exposé. On parla de la République, du Consulat et de l'Empire. Ce fut ma deuxième leçon d'histoire.

Mais il m'en vint bien d'autres, il m'en vint de tous

les côtés. L'histoire des trente années qui venaient de s'écouler avait été si extraordinaire que partout on la racontait.

Nous avions dans la famille un cousin très respecté, ancien commandant des armées de la République (le commandant Héliot). Un boulet, à Marengo, lui avait enlevé longitudinalement une partie du bras. Il avait cependant conservé la main, mais ne pouvait guère s'en servir. Décoré de la Légion d'honneur, ce cousin qui avait toute la dignité, toute la distinction militaire et qui était la droiture même, occupait aux dîners de famille, le haut bout de la table.

J'aimais à voir sa belle tête, à l'entendre nous raconter, plein de fierté, les détails de cette incomparable bataille de Marengo.

Au moment où l'armée française dut battre en retraite, il avait entendu Bonaparte, passant au galop de son cheval, répéter à mi-voix ces paroles : « Bien, très bien, la retraite se fait dans le plus bel ordre; dans une heure la victoire est à nous. »

Le fils de l'ancien commandant avait suivi également la carrière des armes; mais, lui, n'avait à faire que des récits navrants : Eylau, Moscou, Waterloo et l'écroulement final.

Le commandant Héliot, sur le point de prendre sa résidence à Rouen et cherchant un logement, fit la rencontre d'un brave et digne homme, ancien militaire comme lui, et qui, justement, avait à louer, au premier étage, rue du Bac, un très confortable appartement. C'était

M. Campard, beau-père de Charles Beuzeville, alors enfant.

Beuzeville, *l'intrépide Beuzeville*, comme l'appela le commandant Héliot, était un écolier de dix ans, lorsque je n'en avais encore que six. Gros comme un rat, mais bien pris de sa personne, très vif, très alerte, très avisé, Beuzeville devint l'enfant gâté du commandant Héliot, qui ne tarda pas d'en faire un beau militaire. Il lui faisait faire l'exercice, lui apprenait les belles contenances, lui racontait ses batailles, que l'enfant écoutait religieusement. Et lorsque moi, j'allais voir le cousin avec ma mère, il ne manquait pas de nous citer, comme un modèle à suivre, le petit Beuzeville.

Le commandant Héliot, les quelques voisins dont j'ai parlé et mon propre père, voilà donc quels furent mes premiers professeurs d'histoire. J'y dois ajouter un oncle du côté maternel qui nous racontait les campagnes de Hollande.

J'ai lu depuis bien des relations historiques et suivi bien des cours; j'ai eu l'heureuse fortune d'entendre Michelet au Collège de France, et, mieux encore, dans l'intimité, nous raconter la Révolution française, les fédérations, les élans généreux et les guerres de la République, mais rien ne m'a remué comme ces souvenirs vivants.....

Un honnête ouvrier de mon père, qui resta chez nous près de trente ans, avait fait les campagnes d'Espagne et ne se lassait pas de les raconter. J'eus par lui une véritable vision des Pyrénées, et je ne crois pas que, dans les livres, aucune description de montagnes m'ait plus impressionné. J'éprouvais aussi je ne sais quel charme à l'entendre parler de ces villes aux noms sonores et séduisants : Burgos, Sarragosse, Pampelune, prononcés avec emphase comme il savait le faire. C'est un trait caractéristique de ce temps-là qu'on retrouvait l'histoire dans toutes les bouches. Mais de ce brave ouvrier, il m'est resté surtout le souvenir des Pyrénées. Elisée Reclus seul a su depuis, dans sa *Nouvelle géographie*, me rendre avec plus de détails, d'ordre et de précision l'ampleur et la majesté des paysages que le vieux soldat me décrivait cependant si bien ; il est vrai que pour les colorer il y avait l'imagination de l'enfant.

IV

PARENTÉS RURALES

On a vu ce qu'était la rue à cette époque, comment on y vivait en famille, comment les après-dînées s'y passaient à causer assis sur des bancs et sur des chaises, comment les enfants y jouaient. Il n'était même pas rare que les parents, encore jeunes, prissent part à ces jeux, surtout aux jeux de raquette ou de balle.

Mais ce qui donnait à quelques-unes des plus larges rues de la ville leur originalité, c'était les étalages de toutes sortes et surtout les étalages des marchandes de fruits : ils envahissaient une grande partie de la voie, s'approchant de côté et d'autre à pas plus de deux mètres

du ruisseau, qui coulait en ce temps-là au beau milieu de
la rue. Lorsque, par grand hasard, deux voitures venaient
à se croiser, les charretiers étaient obligés de rentrer eux-
mêmes ou de bousculer ces étalages aux grands cris des
marchandes. La police dut commencer par interdire, le
vendredi, ces empiétements sur la rue, à cause des voitures plus fréquentes ce jour-là; mais les autres jours ils
furent tolérés, du moins jusqu'à la création des omnibus
de Darnétal. Aussi que d'objurgations contre cette invention diabolique! Tout progrès est toujours un déran-
gement pour quelqu'un ; il y a, d'ailleurs, pour tout
le monde, l'habitude de voir les choses dans un certain
état, ce qui fait que l'on est blessé au moindre changement. Nous sommes tous un peu atteints de cette maladie
du *Misonéisme* : « horreur de la nouveauté. » Les étalages cependant durent être supprimés tout à fait au
dehors. Ce qui changea complètement l'aspect de quelques
rues.

Un vieil usage toutefois leur conserva un peu de leur
amusement; c'était celui des ateliers ouverts sur la rue
dans un grand nombre de rez-de-chaussée. Presque en
face de nous, à côté de l'auberge, se trouvait un de ces
ateliers : c'était celui d'un fabricant de *lames* pour les
tisserands; sept ou huit enfants, dans chaque atelier,
étaient employés à cette fabrication. Ils s'en acquittaient
avec une rapidité des mains et des bras qui rendait impossible de rien voir à ce qu'il faisaient. Que de temps j'ai
passé à les regarder, enviant leur sort, car cette agitation
me paraissait un jeu. Il y avait aussi les fabriques d'ama-

dou où l'on voyait de jeunes ouvriers frapper d'un petit maillet toute la journée sur l'amadou en préparation.

L'*amadou!* ce mot n'a l'air de rien ; il indique cependant un état de choses qu'à peine on peut aujourd'hui comprendre. Écoutez plutôt ce qu'il en résultait chez nous d'ennuis. Je couchais dans la chambre de mon père et de ma mère ; il y avait toute la nuit une veilleuse ; mais si d'aventure, et l'aventure était assez fréquente, la veilleuse venait à s'éteindre, il fallait, à la moindre nécessité, et surtout pour se lever le matin en la saison des jours courts, il fallait battre le briquet. Battre le briquet, quelle opération ! Elle consistait à poser sur le bord d'une pierre à fusil, un morceau d'amadou et à frapper d'un petit instrument en fer sur la pierre pour en faire jaillir des étincelles jusqu'à ce que l'une d'elles enflammât l'amadou. Ce frappement du briquet ou fusil durait quelquefois un demi-quart d'heure, et que de coups sur les doigts !

On ne sait pas quel utile progrès ce fut que l'invention des allumettes chimiques.

J'ai parlé des petits lamiers, des petits frappeurs d'amadou ; mais combien d'autres professions s'exerçaient ainsi dans des boutiques ouvertes à la curiosité des passants ! En certaines rues, on voyait à la file des douzaines d'artisans de même profession : dans la rue de la Renelle, les tanneurs et mégissiers ; dans la rue des Faulx, les couteliers d'un côté et les brossiers de l'autre ; dans la rue des Savetiers (1), les cordonniers en vieux, etc.

(1) Officiellement, c'était la rue *des Prêtresses*, mais le peuple ne cessa jamais de l'appeler rue *des Savetiers*.

Les bouchers même abattaient et *habillaient* sous les yeux du public leurs bœufs, veaux et moutons.

Que d'enfants furent ainsi déterminés dans le choix d'un métier !

Les tonneliers séchaient au feu, en pleine rue, leurs barils, leurs baquets et leurs seaux, ce qui m'amusait beaucoup ; les forgerons y forgeaient leurs essieux, y ferraient les roues des voitures. Beaucoup d'autres professions s'exerçaient aussi en plein air. Les vanniers faisaient leurs paniers devant leur porte.

De jolies dentellières, pour la plupart originaires du Calvados (on le voyait à leur coiffure) faisaient de la dentelle ici et là, au seuil des maisons, et c'était un vrai charme de voir leurs doigts agiter mignonnement les centaines de petits fuseaux.

Mais laissons les métiers et revenons aux personnes, revenons surtout aux membres de la famille.

Simple paysan cauchois, venu à vingt-trois ans s'établir à la ville, mon père avait eu dix sœurs et un frère. L'aînée de ces dix sœurs, la plus belle cauchoise que j'aie jamais vue, la plus accorte, la plus vive d'allure et la plus excellente, la plus secourable, les poches inépuisablement garnies de friandises pour les enfants ! Elle avait épousé un cultivateur aisé qui avait dû être, lui aussi, le plus beau gars de la contrée. Véritable géant, tout en lui étonnait mon enfance : sa corpulence pleine de force et de majesté, sa tête puissante, ses larges mains de laboureur, sa voix retentissante et sympathique, son éclat de rire rabelaisien, sa bonté assaisonnée de finesse et de prudence,

Je l'écoutais parler de ses champs, de ses blés, de ses avoines et menus grains, de ses semailles, de ses moissons, de ses bestiaux avec délices. La vie agricole me devenait par lui sacrée.

Sans doute tous ces gens-là, je me le dis aujourd'hui, devaient avoir leurs imperfections, leurs misères; mais, enfant, je ne les voyais pas. Et comment les aurais-je vues? Tous étaient bons pour moi, tous me comblaient d'amitiés. Je voyais en eux s'épanouir la nature humaine et ne la voyais qu'en eux. Le besoin d'admirer, de respecter, si naturel aux enfants, trouvait à se satisfaire avec eux. Je les admirais donc, les aimais et les respectais en toute sincérité. J'ai, d'ailleurs, reconnu depuis et j'ai su par mon père et ma mère qu'ils en étaient dignes.

L'oncle presque géant, dont je parlais tout à l'heure, était maire de sa commune, et dans les cas un peu compliqués ou embarrassants, il ne manquait pas de venir consulter mon père. Sans avoir l'air de rien entendre et tout en dessinant de grands bonshommes à la craie sur une planche, j'écoutais avidement. J'eus ainsi l'exemple, le très bon exemple pour un enfant, du sérieux, du bon vouloir, de l'esprit de justice et de prudence qu'apportait le digne oncle à l'administration de sa commune. Les conseils désintéressés, judicieux et habiles de mon père me frappaient aussi beaucoup; et voilà comment la famille, l'entourage d'amis et de voisins furent pour l'enfant comme des livres ouverts, parmi lesquels il n'y en eut pas de mauvais, du moins pour le premier âge; il y en avait bien d'un peu ridicules, d'un peu sots; mais la haute raison, la pénétration paternelle et maternelle savaient parfaitement remettre les choses en leur point, quoique mon père ne sût pas toujours se priver d'en rire et de nous en faire rire.

V

LE PETIT JARDINIER

Il y avait, à la maison que nous habitions, un jardin peu étendu, mais très bien exposé et entouré de murs ; c'est là qu'on me mettait le plus souvent à passer mes journées : je n'avais ni frères ni sœurs, étant resté seul de sept enfants. Aussi, de quels soins j'étais entouré !

Je ne tardai pas à me faire des compagnons et des amis dans cette solitude : ce furent les fleurs du jardin, les oiseaux, insectes et autres bestioles que j'y pus observer. J'ai raconté dans la *Vie des Fleurs* cette éducation par le jardin. Il m'est arrivé plus d'une fois de rester des heures immobile devant une feuille en train de se développer, devant un insecte rongeant, creusant ou filant. Une araignée tissant sa toile, c'était pour moi un ravissant spectacle.

Mais le bonheur, c'était de semer et de planter — ma mère m'y avait instruit — c'était de faire des boutures, d'arroser, de voir germer, pousser et fleurir. Les dimanches d'été et surtout de printemps, ma mère me conduisait au marché aux fleurs, qui se tenait alors sur le parvis Notre-Dame, autour de la fontaine qui en occupait le milieu. Ce marché n'avait rien de comparable à ce que nous voyons aujourd'hui sur la place des Carmes. Quelques maraîchers et fleuristes transportaient du quartier de la Croix-d'Yonville, de Saint-Sever ou de Saint-Hilaire, tout leur étalage sur une brouette. Cela consistait principalement en choux, salades et porette à repiquer. Pour les fleurs, on n'y trouvait guère que les plantes vivaces : juliennes, giroflées, ravenelles; le dahlia commençait, le géranium n'existait pas encore sur les marchés publics. Mais que de reines-marguerites, que de balsamines et de coréopsis j'y achetai !

Mon premier dahlia acquis de M. Wood, qui avait introduit à Rouen sa culture, *fut un des beaux jours de mon enfance*. Il me coûta trois francs que j'avais patiemment amassés, m'étant privé plusieurs mois de toute autre acquisition...

Le marché aux fleurs, tout mesquin qu'il fût à cette époque, était donc, le dimanche, ma promenade préférée.

Mon père voulant un jour me causer une grande joie, me conduisit à Saint-Sever visiter le jardin et l'orangerie si vantée de M. Vallet, l'horticulteur alors le plus en renom à Rouen. Nous fûmes reçus par M. Vallet de la façon la plus aimable, et je fus émerveillé.

Aucun jardin cependant ne me causait autant de plaisir que le mien, et peut-être dans mon propre jardin, au milieu de mes plantations, l'endroit le plus délicieux était-il derrière un bâtiment qui le rendait invisible, un petit coin tout à fait inculte où je demandai qu'on ne touchât jamais. Je voulais voir ce que d'elle-même produirait la nature : elle y produisit de superbes pissenlits, de l'herbe, de la dogue, du gratteron, des orties, tout cela pêle-mêle dans un état d'inextricable et merveilleuse confusion que pour la recherche d'un trésor on ne m'eût pas fait déranger. C'est là que les insectes abondaient, surtout les coccinelles; mais mon insecte bien-aimé était le criocère que je trouvais sur un très beau lis blanc. Ce petit flûtiste me charmait.

Un *amateur* du voisinage m'enseignait toutes les bêtises de l'ancien jardinage, comme de faire une fente aux boutures de ravenelles, aux marcottes d'œillets et d'y fourrer un brin d'avoine, sous prétexte que les racines qui tout à l'heure sortiraient de ce brin d'avoine serviraient à nourrir marcotte et bouture. Il y avait aussi les semailles qui doivent se faire au croissant de la lune. Le décours m'était indiqué comme un moment funeste aux repiquages et replantations. Il m'enseignait des secrets de duplicature pour les giroflées. Mais je ne fus pas bien des années à m'apercevoir que tous ces secrets étaient à mourir de rire. De quelles niaiseries étaient empêtrés les arts de culture en ce temps-là, on ne l'imagine pas. Eh ! n'ai-je pas vu, vingt ans plus tard, des cultivateurs de la banlieue rouennaise n'oser labourer, ni rien faire le jour de saint Bruno, parce que saint Bruno, s'il n'était pas dûment et dignement *chômé*, n'aurait d'autre soin toute l'année que de *brunir* le ciel ! Il y avait aussi beaucoup de choses qu'il ne fallait pas faire le vendredi.

Heureusement, bien conseillé par mon père, je voulais toujours voir et vérifier les choses. Par exemple, pour le brin d'avoine aux fentes des boutures, j'en faisais six d'un côté sans avoine et six autres avec avoine, et ne remarquais aucune différence dans la réussite. Ce qu'on me conseillait de ne pas faire le vendredi, je le faisais et ça marchait très bien.

Je dois ajouter ici, pour conclure, que le jardinage, que le spectacle attentivement observé du monde végétal, la participation à la vie des plantes, furent pour moi une source de plaisirs qui ne s'est jamais affaiblie.

Si Montesquieu a pu dire qu'il n'eût point de peine qu'une heure de lecture n'ait calmée, combien avec plus de justesse le mot se pourrait appliquer au jardinage! Jardiner même ne m'est pas nécessaire : une heure de promenade sous mes tilleuls (quand j'en avais), ou sous mes poiriers en fleurs, c'en était assez pour que le calme succédât à l'agitation. Même en hiver, il m'a toujours paru sain de fouler la terre et de voir tranquillement dormir les bourgeons. Que de malaises, que de souffrances se sont ainsi dissipés !

VI

MON PREMIER VOYAGE

J'entreprends ici de raconter mon premier voyage; non assurément pour le plaisir d'apprendre à mes contemporains que, dès l'année 1822, explorateur intrépide, je fis, avec ma famille, le hasardeux voyage de Rouen à la mer, mais pour vous faire comprendre les façons de voyager en ce temps-là.

Nous demeurions, je l'ai dit, en face d'une grande auberge; j'étais donc placé très bien pour voir arriver de la campagne les voyageurs du vendredi. Le plus grand nombre venait à pied, même de très loin. Les cultivateurs aisés voyageaient à cheval et l'on y voyait souvent la fermière en croupe, dans sa toilette élégante, tenant enlacé son fermier; c'était, je me le rappelle, un spectacle charmant.

D'autres, les martyrs, ceux qui ne pouvaient aller ni à pied ni à cheval, arrivaient en fourgon.

Jamais, je crois, il n'y eut instrument de supplice plus épouvantable que le fourgon, longue charrette obscure, étroite, chargée tout à fait à cul, c'est-à-dire dépassant en hauteur par devant la tête des chevaux et de l'arrière traînant jusque sur le sol. Deux longs bancs en bois recevaient les voyageurs qui, pour ne pas dérouler les uns sur les autres (et ils y déroulaient souvent vu l'inclinaison de la voiture), devaient se tenir accrochés où et comme ils pouvaient. Aucune suspension et des cahots, des secousses, des soubresauts, un tangage infernal et des heurts, et des culbutes dont rien aujourd'hui ne peut donner une idée.

Je m'étais juré à moi-même que si jamais on voulait m'embarquer là-dedans, je résisterais de toutes mes forces, et je l'eusse fait, je crois. Heureusement pour notre voyage à la mer, il n'y eut pas à craindre le fourgon : les diligences commençaient à paraître; mais nous ne devions pas aller à Dieppe directement. Mon père s'en allait faire la Saint-Gilles chez sa sœur aînée, mariée à l'oncle géant dont j'ai parlé. Mais l'oncle était *porteux*, il avait sa voiture et venait tous les quinze jours à la ville ; le *porteux* servait d'intermédiaire entre le fabricant de *rouenneries* et le tisserand de la banlieue ; il portait les chaînes, il rapportait la toile et reportait l'argent ; cette mission de confiance faisait du *porteux* un personnage influent et très considéré.

Mon oncle, pour ces transports, se faisait aider de son fils, garçon de vingt à vingt-deux ans. Il fut décidé que nous voyagerions avec lui.

On partait dans l'après-midi, d'une auberge de la rue Saint-Gervais.

Nous voilà casés, mon père, ma mère et moi, au milieu des paquets (*chaîne* et *tissure*) enfermés dans de grands sacs. Mon oncle avait pris place à côté de nous et le fils conduisait, marchant à pied tout près de la voiture.

Il était nuit depuis quelque temps déjà, et je dormais sur les genoux de ma mère, lorsqu'on fit halte à Barentin. Mais quelle halte ! C'était à la plus importante auberge du pays. Mon oncle et d'autres porteux s'y firent servir à souper. Ma mère m'y fit manger un peu et puis me coucha sur un vaste et superbe lit, restant auprès de moi probablement deux ou trois heures. Lorsque je me réveillai, nous retournâmes à la salle à manger. Tout le monde était encore à table et mon oncle chantait... il chantait la *Jolie Marjolaine*, le chant des rouliers et porteux ; cette ample et belle mélopée, venue peut-être des temps les plus lointains, me saisit. Quant aux paroles, elles faisaient comprendre dans leur rusticité ce que c'était alors que conduire une voiture : il y fallait tout un attirail d'outils, pioche, pics, pinces, cric, cordes, leviers, bâtons et souvent on y devait attendre l'aide de quelque autre roulier. Mon oncle chantait donc aux applaudissements des autres *porteux :*

> Camarade de mon métier,
> Prête-moi, je t'en prie,
> Prête-moi un de tes chevaux,
> Je te paierai chopine.
> Et l'on tire,
> Et l'on pousse,
> Et l'on va,
> Pousse à hue, tire à dia!
> La jolie Marjolaine
> Au bon temps reviendra.

Cela se chantait avec une gravité qu'on ne soupçonne plus. Ce chant du métier était pour ces braves gens comme un hymne sacerdotal ; ils répétaient en chœur avec je ne sais quel accent convaincu :

> Et l'on tire,
> Et l'on pousse,
> Et l'on va,
> ....

Puis le chanteur, pour consolation à tant de traverses et de peines, faisant le geste gracieux d'offrir une fleur à sa mie, reprenait avec un sourire :

La jolie Marjolaine
Au bon temps reviendra.

La chanson fut bissée et le chanteur la recommença, mais cette fois avec une telle ampleur de poitrine que pour l'en remercier on fit allumer un punch !

Il y avait bien ma pauvre mère qui s'impatientait un peu de cette longue station à l'auberge. Elle s'était figuré que l'on voyageait pour arriver. Quelle erreur.

On voyageait alors pour s'amuser en chemin, pour se retrouver ensemble, camarades de métier, pour se tenir au courant des choses du portage et du roulage…

Mais comme tout prend fin en ce monde, le souper se termina et l'on se remit en route. Le jour venait. Ma mère tâchait sur ses genoux de m'éviter les cahots. Nous allions; mais le cousin qui conduisait les chevaux, son fouet sur le col, se mit à chanter à son tour la *Jolie Marjolaine*, et je vis combien cet air lent et grave était en accord parfait avec le pas du charretier, combien il en était l'accompagnement naturel.

Le cousin était un charretier modèle ; il arrêtait ses chevaux aux moindres montées, calait ses roues, et laissait souffler les bêtes; alors il se mettait à claquer de son fouet avec un art, une adresse, un sentiment musical tout à fait remarquables. Cette sonnerie répétée par de lointains échos, produisait un effet indicible.

A chaque arrêt, la sonnerie était différente, et parfois d'autres charretiers y répondaient de plus d'une lieue. J'appris qu'il y avait la sonnerie du *tout va bien, bonsoir*, *camarade*, et puis la *sonnerie d'alarme, la sonnerie d'appel au secours*. On se communiquait ainsi toutes sortes de renseignements à distance. Il y avait même (mon cousin m'apprit cela beaucoup plus tard), la sonnerie d'amour et *le coup de la fille*. Les belles Cauchoises ne manquaient pas d'accourir au coup de fouet du *porteux*.

C'était la télégraphie et la téléphonie des charretiers en ce temps-là.

VII

LA SAINT-GILLES

Nous allions à Dieppe, je l'ai dit; mais nous allions d'abord fêter la Saint-Gilles chez la sœur aînée de mon père. La Saint-Gilles, qui se célèbre le 1ᵉʳ septembre, est, comme on sait, la grande *farcée* d'automne : c'est le chant, c'est la danse, c'est la *bauffrerie* des récoltes rentrées. La grange est pleine et la sacoche ronde. Tout à l'heure va recommencer la série des travaux pour la récolte prochaine; en octobre reparaîtra la charrue; mais en septembre, faulx et faucille ont fini leur tâche... C'est la *pose* pour le travailleur des champs. Une telle fête, dans notre climat, doit remonter loin, par delà le christianisme; mais l'Église a tâché de faire tourner en une solennité religieuse cette *esjouissance* qui dut être, d'abord, toute bachique. Elle y plaça sa fête en l'honneur de saint Gilles, patron des peureux. Mais quoi qu'elle ait

pu faire, la fête demeura bachique et pantagruélique.
Dans le souvenir qui m'en reste, je ne retrouve que festins et festins : dîner, collation, souper, regoubillonnage
de soixante heures, et pas la moindre dévotion. L'oncle,
cependant, maire et *porteux* de sa paroisse, en était aussi
le grand chantre; mais la Saint-Gilles était la Saint-Gilles qui se fêtait à table beaucoup plus qu'à l'église.
Gustave Flaubert, dans sa correspondance, parlant d'un
dîner chez son père où se trouvait, entre autres convives,
l'excellent Hyacinthe Langlois, résume en ce peu de
mots toute l'affaire : « On a bu et mâqué. » Moi, j'eusse
écrit : « On a bu et mâquai. » Mais, s'il vous plaît, pas
de guerre pour une question d'orthographe.

Il suffit que Flaubert ait très bien et très brièvement
caractérisé les dîneries sans fin, fréquentes en ce temps-là,
surtout à la campagne. Lorsque nous arrivâmes, vers le
milieu du jour, la table était mise. Vingt à vingt-cinq
couverts sur une longue table ; nappe et serviettes de cette
exquise blancheur qu'on ne trouve qu'aux champs;
belles assiettes vieux Rouen, cruches, cruchons, canettes
idem; des verres en simple verre, mais d'une netteté qui
les changeait en cristal; cuillers et fourchettes d'argent
pour les principaux convives, le reste en étain, mais d'une
propreté telle que c'était un vrai luxe. Pas de couteaux,
chacun devant apporter le sien ; on s'asseyait le chapeau
sur la tête. Se découvrir semblait impolitesse.

Ma tante Victoire, avec sa large croix d'or, son activité,
sa gaieté, son bon cœur, était splendide. Elle avait trois
mois durant préparé ce festin par ses élevages attentifs :

poulets, canards, oies, dindons ; il y eut même un cochon de lait.

Ma tante et sa fille aînée (déjà mariée), apportaient elles-mêmes les mets sur la table. Cela commença par une soupe si belle et si bonne que je ne l'oublierai jamais. La beauté des soupières dut en être un peu cause, aussi bien que la bonne grâce des chères tante et cousine.

La viande de boucherie, sauf le bouilli, eut très peu de part au festin ; mais aux poulets, lapins, pigeons à la casserole et à toute sauce, succédèrent les volailles rôties ; il en revenait et revenait toujours, il y en avait de rôties au four et de rôties à la broche. Mon oncle découpait et redécoupait, le fils versait à boire et tous consciencieusement et gaiement « buvaient et mâquaient. »

Pauvre enfant que j'étais, quels yeux fis-je (mon père en a ri longtemps) lorsque toutes les dames, une dizaine environ, furent appelées par ma tante pour l'aider à apporter et à placer la pâtisserie sur la table. Je n'avais vu jamais que les petits gâteaux, les brioches mesquines des pâtissiers de ville. Mais voilà que se rangeaient devant nous en trois longues files des galettes immenses, des tartes, des tourtes aux pommes, aux poires, à la crême ; et tout cela était l'œuvre de ma tante. Il y eut un applaudissement général. Ce fut pour la fermière et aussi pour le fermier (je le vis bien), un moment d'orgueil ineffable.

Il fallut donc mâquer toute cette belle et bonne pâtisserie. *Rebouquer* eût été une offense.

On mâqua et pour digérer on dansa.

Pour moi, je m'endormis. Ma mère me coucha et se

coucha près de moi. Vous dire la bonne senteur des draps, la douceur du lit, l'air agréable, le bien-être, le fortifiant de toute cette maison, ça n'est pas possible. Après plus de soixante-dix ans, j'en ressens encore je ne sais quoi de délicieux.

Au réveil, quel bon lait pour notre déjeuner! La plupart des convives ne s'étaient pas couchés. Quelques-uns continuaient de dîner, ou, si vous le voulez, de souper, alors que d'autres n'en étaient qu'à regoubillonner. Toute la journée encore on mâqua. Quelques-uns, cependant, se promenèrent. Mon père et ma mère furent de ceux-là, et je les accompagnai dans leurs visites à quelques parents.

Je vis pour la première fois la campagne, la pleine campagne, avec ses solitudes, ses grands arbres, ses bois et leur *vaste silence.*

Cette bauffrerie pantagruélique dura jusqu'au troisième jour, et puis mon oncle proposa, pour terminer la fête, d'aller se régaler d'huîtres à Dieppe. Mon père avait d'ailleurs promis de nous y conduire pour que je visse la mer dont il m'avait si souvent parlé, parce qu'étant enfant il allait assez souvent s'y baigner le dimanche.

VIII

POUILLERIE ET PUANTEURS.

Pouilleries et puanteurs, c'est un notable chapitre de l'histoire du passé, et c'est de ce chapitre que je vais essayer cette fois de retrouver quelques bribes.

Ma plus vive impression à Dieppe (il se passe quelquefois dans la tête des enfants des choses bien inconcevables), ma plus vive impression à Dieppe, ne me vint pas de la mer, que j'ai tant aimée depuis, elle me vint de la ville.

En dehors de Rouen, c'était la première que je voyais. Elbeuf et Darnétal même ne m'étaient pas connues.

Voir à cinq ans une ville autre que la sienne, d'autres rues, d'autres maisons, autrement disposées, autrement construites, autrement ornées, c'est à cet âge un étonnement sans fin. Ce qui me frappa surtout ce fut la propreté de la ville, d'abord parce qu'elle était, en effet, très propre, par comparaison avec Rouen, et aussi parce que je ne la vis qu'en ses plus beaux quartiers, tandis que Rouen, diverses circonstances me l'avaient fait connaître dans ses ignominies... Rouen, d'ailleurs, il faut bien en convenir, avec ses rares et mesquines fontaines, qu'on ne laissait pas même couler dans les rues pour éviter les *flaques* d'eau. Rouen était une ville infecte ; pour retrouver aujourd'hui quelque chose de comparable, il faut aller à Constantinople ou à Jérusalem. Voyez là-dessus les lettres de Flaubert à Bouilhet.

Le nettoiement des rues, chez nous, ne commença vraiment que sous la pression du choléra, en 1832, et encore messieurs les bourgeois firent-ils une belle résistance aux autorités. Chacun avait la prétention, j'en ai déjà fait l'observation, d'être propriétaire de sa devanture et d'y pouvoir faire et déposer tout ce qu'il voulait ; on y était chez soi. Le maire de ce temps-là eut donc à soutenir une lutte énergique contre ces prétentions. N'accablons pas pour cela notre pauvre ville. Des résistances du même genre et beaucoup plus fortes se manifestaient dans bien d'autres parties de l'Europe. Une ville anglaise (Leeds, si je ne me trompe) avait dans ses rues une couche d'ordure et de fumier de plus d'un mètre d'épaisseur. On voulut enlever cette puanteur, les habitants se révoltèrent et l'on dut renoncer à cette mesure d'ordre et d'hygiène. Les citadins de Leeds tenaient à conserver cet amas de pourriture qui leur servait, disaient-ils, à élever des cochons, dont les rues, en effet, étaient pleines.

A Rouen, on n'en était pas là, heureusement; mais on tenait, par habitude, à ses petites ordures ; le ruisseau, les coins de borne n'étaient-ils pas le dépotoir séculaire de toute immondice ? Ah! qu'il eût fait bon parler de *poubelles* en ce temps-là ?

Aussi, ce qu'étaient les rues avec leur *reniau* central, plein d'eaux croupissantes et sales, où chacun, la nuit, et même en plein jour, jetait ses vidanges, débris de cuisine, eaux de lavages, eaux de teintures, déchets, urines, fumier, chats, chiens et rats morts ; ce qu'étaient, avec tout cela, les rues et les coins immondes qui servaient d'urinoirs publics ; ce qu'étaient pendant la nuit les carrefours à peine éclairés et les ruelles couvertes (telles que la rue de Brutus que l'on peut voir encore, allant de la rue Saint-Vivien à la rue Eau-de-Robec), ruelles qu'on n'éclairait pas du tout; ce que c'était que tout cela, ce qui s'y passait chaque soir, on en a heureusement perdu jusqu'au souvenir.

Les horribles haillons suspendus pour sécher au haut des maisons et dégouttant leur eau sale sur la tête des passants, cela se voyait en nombre de quartiers, quand il faisait beau. Ajoutez les seaux et les vases de toute sorte vidés par les fenêtres.

Je n'ai parlé encore que des quartiers honnêtes et relativement propres; mais il y avait bien pis ; il y avait la rue Coupe-Gorge, qui, je ne sais plus par quels ignobles circuits, allait des murs Saint-Ouen à la rue Beauvoisine, sur l'emplacement actuel de la rue Thiers ; il y avait la rue du Rosier, la rue de l'Aumône, la rue du Petit-Mouton, d'autres encore dont à peine on osait prononcer le nom. Il y avait l'épouvantable gueuserie du clos Saint-Marc. Non, jamais poète infernal, jamais réaliste et naturaliste enragé n'atteindra par l'imagination cette réalité. Des taudis noirs, en ruine, accumulés les uns sur les autres, sans rues et sans ruelles, ayant tous entre eux communication par des crevasses, par des éventrements, par des perches suspendues. De la cave ou du grenier on pouvait de tous aller dans tous. Impénétrable à la police, au fisc, l'obscur et fétide labyrinthe n'était ouvert qu'aux gueux bien et dûment connus, stylés par l'odieuse caste. On y pouvait naître, vivre et mourir incognito. Lorsqu'il fut question de démolir cette cité puante, où le choléra fit ses premiers et plus terribles ravages, on chercha les propriétaires de ces étranges *immeubles*, on ne les trouva pas, et, de fait, il n'y en avait point... Quelles photographies on eût faites de toutes ces horreurs si la photographie eût été découverte !

Maintenant comprend-on qu'une immense puanteur s'élevât de ce cloaque et se répandît par toute la ville, d'ailleurs si peu nettoyée, si empestée en ses autres quartiers par ses ruisseaux, ses coins de bornes orduriers, ses ruelles innombrables; Rouen se sentait d'une demi-lieue.

Ma surprise fut donc grande de trouver à Dieppe des rues où l'on n'avait à respirer qu'une bonne et fortifiante odeur marine. Il y avait d'ailleurs de nombreuses fontaines à Dieppe et l'eau claire y coulait dans les rues. Ce fut ma suprise et mon enchantement; la mer à côté m'étonna moins. Elle me causa d'ailleurs un peu d'effroi et puis je la trouvais trop grande. Je me faisais dans mon jardin de petits océans bien plus à ma portée. J'y pétrissais des îles, j'y lançais des bateaux, j'y voyais nager, en guise de poissons, des larves de cousin. C'était autrement joli et bien plus intéressant que ce vaste, vague et monotone océan.

Je revins donc à Rouen tout heureux d'une ville où l'on ne sentait pas mauvais.

Ces souvenirs de pouillerie et de puanteurs tout naturellement me conduisent à dire un mot de la population de gueux qui chaque jour se répandait dans quelqu'un des quartiers de la ville. C'était le lundi pour celui que nous habitions; ils défilaient toute la journée en haillons dignes du pinceau de Calot ou de Rembrandt, quémandant aux portes d'une voix nazillarde, traînante; beaucoup chantaient ou jouaient de la flûte, de la clarinette, du flageolet, du violon ou de la vielle. Les nippes impos-

sibles, les loques, les haillons ne suffisaient pas comme
enseigne à leur misère, il s'y joignait des maladies, des
plaies, des estropiements inouïs, des dislocations comme
on n'en voit plus, puis les idiots, les fous..., les faux
aveugles conduits par des chiens étaient les plus nombreux. Un de ces aveugles, immense bonhomme tout à
fait immonde, toujours ivre, les yeux effroyablement
bordés de rouge, n'était pas seulement conduit par son
chien, il l'était aussi par sa femme, qu'il injuriait et frappait de son bâton en pleine rue, ne l'appelant jamais que
brûleuse de maisons...

Que dit le lecteur de ce Rouen disparu ? moi, je dis :
ça pourrait être intéressant en peinture; mais quelqu'un
voudrait-il le revoir en nature ?

IX

L'INCENDIE DE LA CATHÉDRALE.

Le dimanche 15 septembre 1822, à cinq heures du
matin, on était tous au lit, on dormait, lorsqu'un fracas
épouvantable nous éveilla : c'était le tonnerre. Mon père,
s'imaginant qu'il était tombé sur la maison, se leva,
sortit dans la cour, dans le jardin, et, ne voyant rien de
mal ni chez nous, ni chez les voisins, se recoucha. Mais
une demi-heure après se faisaient entendre les cris : « Au
feu ! au feu ! » Mon père, de nouveau, se lève, demande
par la fenêtre où est l'incendie : A la cathédrale !

Nous nous levons tous en hâte ; mon père monte au grenier, et je monte après lui ; là, du haut d'une échelle, mon père me tenant dans ses bras, nous apercevons l'incendie par une lucarne. Nous arrivions juste pour voir la flèche tomber : spectacle indescriptible d'horreur, de terreur et de magnificence ! Les gargouilles hurlantes et terribles vomissaient le plomb, le fer et le cuivre fondus. Les pierres, les poutres tombant sur les voûtes de l'église retentissaient comme une artillerie formidable ; la terre en était ébranlée. Lorsque l'on vit d'une hauteur de 400 pieds se précipiter cette masse enflammée de la lanterne et de sa flèche, il y eut pour tous un serrement de cœur à la pensée des maisons écrasées. Mon père, frémissant, s'écria : C'est sur la rue du Change ! Puis tout ému, descendit, et me fit descendre.

Ce que nous venions de voir, un peintre de talent très médiocre, mais exact en sa sécheresse, essaya de le rendre sur toile, et son tableau est maintenant exposé à la galerie des estampes d'histoire locale à la Bibliothèque. Mais il manque à cette peinture ce que ne peut donner ni le pinceau, ni la plume : le mouvement, l'agitation grandiose des tourbillons de flamme et de fumée ; il y manque l'accompagnement des bruits épouvantables formant à ce spectacle une infernale orchestration ; il y manque la fièvre, l'effarement d'une si tragique et si rapide destruction. On crut toute la cathédrale perdue, ainsi que les rues voisines. Et que pouvaient les pompes d'alors contre un tel désastre ? Des ruisseaux de métal en fusion coulaient, se figeaient et s'accumulaient sur le sol, dans les rues du Bac et de l'Épicerie. Toute la population étant accourue sur les abords du sinistre, bientôt il ne fut plus possible d'en approcher. La circulation fut interdite dans plusieurs quartiers. En d'autres, on arrêtait les passants pour les mener aux pompes et aux seaux.

Mon père courut comme les autres, et, se voyant inutile dans la foule, il rentra vite et me dit :

— Viens avec moi chez Antheaume.

Antheaume, c'était le tisserand dont une rue porte aujourd'hui le nom. J'ai raconté dans *la Campagne* les relations d'Antheaume avec mon père. L'ingénieux inventeur, alors préoccupé de la création de son métier à bretelles, habitait, sur les hauteurs de la ville, rue de Bellevue, précisément à côté du cher artiste Hyacinthe Langlois. On apercevait de chez lui tout Rouen et ses monuments. Il était sûr que de là nous verrions commodément et tout à plein l'immense incendie.

Nous voici donc montant le coteau, très peu éloigné de chez nous. Antheaume était à sa fenêtre, avec une grande longue-vue. Jamais je n'avais regardé dans une longue-vue ; celle d'Antheaume était excellente, et ma surprise, mon émotion furent extrêmes de me trouver pour ainsi dire au milieu de ce brasier immense. Antheaume, je me le rappelle très bien, redescendit avec nous, et mon père, m'ayant reconduit à la maison, alla le rejoindre...

A quelques jours de là, on promenait et on vendait par la ville des fragments de forme bizarre d'amalgame de plomb, de fer et de cuivre fondus recueillis au pied de l'édifice.

Ceci, très naturellement, me remet en mémoire d'autres incendies dont j'ai été témoin dans cette période éloignée. Ce que chacun de ces malheurs causait de désordres, on n'en a plus l'idée aujourd'hui ; d'abord on craignait, comme avant l'invention des pompes, alors toute récente, de voir brûler une partie de la ville. A l'incendie se joignait le vol et le pillage ; les gueux du clos Saint-Marc et autres coins ignobles, sous prétexte de venir au secours, y venaient à la maraude, et bien hardi qui eût osé aller réclamer dans leur taudis les objets enlevés. Il n'y avait pas seulement à leur discrétion la maison incendiée, il y avait, avant les pompes, les maisons d'à-côté, qu'on déménageait et qu'on démolissait. Un incendie, c'était pour les truands une bonne fortune, comme le naufrage d'un navire pour les populations côtières. O temps d'innocence et de bonnes mœurs !

Un bon incendie, cela se soignait, se mijotait, se couvait et se conservait avec quelle attention !

On croyait le feu fini et toujours il se rallumait. C'est ainsi qu'en 1624 un incendie, en plein Rouen, dura du 13 au 22 septembre ! Corneille en fut témoin ; il avait dix-huit ans. Quelles joies, quelles fêtes et quelles ripailles cela suppose chez les ribauds ! Une partie des maisons de la ville y furent, ou brûlées, ou démolies, comme moyen de *sauvetage*.

Savez-vous à quelle époque la population commença de se respecter aux incendies ? Écoutez : le 2 nivôse an

II de la République, un citoyen Poulain, riche fabricant de la rue des Matelas, qui mêlait à ses tissus la soie et le coton, voyant sa maison menacée par l'incendie d'une maison contiguë, fit appel aux sans-culottes du quartier pour tout déménager. Ce qui fut fait : tout fut emporté et rapporté le lendemain, sans disparition ou gaspillage d'un écheveau, et il y avait là, paraît-il, de la soie à quatorze francs l'once. Ce fait ne confirme-t-il pas ce qu'a si bien constaté et chanté le poète populaire, rappelant, lui aussi, la fierté plébéienne de cette époque :

> Tout s'agitait, s'armait pour la défense,
> *Tout était fier*, SURTOUT LA PAUVRETÉ !

Ce serait une curieuse et instructive, très instructive histoire que celle des incendies en France et en Europe, dans le moyen âge et dans les temps plus rapprochés. Oh ! que nous y triompherions ! Qui pense aujourd'hui à voler dans ces heures de trouble ? Où voit-on mieux, au contraire, se manifester la noblesse, la dignité, l'héroïsme de la nature humaine ? Nous y voyons accourir maintenant, non plus la bande avide et désordonnée des ribauds, mais d'honnêtes et courageux pompiers.

Je demande pardon de tant de réflexions et de souvenirs un peu étrangers à l'incendie de la cathédrale, mais cet incendie allumé par la foudre avait impressionné d'autant plus mon enfance qu'il était le premier que je visse ; il m'est resté pour toujours peint sur la rétine. Je vois encore dans la ville les peureux se sauver à toutes jambes pour n'être pas pris et envoyés à la chaîne ; c'était par la force qu'on obtenait en ce temps-là du secours dans les catastrophes.

Un autre spectacle me retint attentif, ce fut celui des milliers de corneilles locataires et de la flèche incendiée et des autres parties de la cathédrale, de la tour de Beurre surtout, qui volaient éperdues autour des flammes, quelques-unes même se firent brûler.

Les malheureuses étaient en partie cause du désastre. Leurs nids entassés dans la flèche avaient servi de premier combustible à la foudre.

Mais que n'eussent-elles pas fait pour apaiser ce feu ! Je me rappelle leur intrépidité, leurs cris, leur vol affolé. Ce fut, dans ce désastre, un des épisodes qui me frappèrent le plus.

Et devinerait-on la pensée qui souvent me vient en voyant voler encore quelques corneilles autour du sombre édifice ? c'est que peut-être il s'y en trouve encore deux ou trois vieilles, aussi vieilles que moi, pour raconter aux jeunes le terrible incendie de 1822 avec des réflexions peut-être beaucoup plus sages. Car, songez-vous à tout ce que peut savoir et prévoir une corneille centenaire ?

1823-1835

X

LA SAINT-VIVIEN

La vie, pour chacun de nous, a ses *époques*, ses dates précises qui mettent naturellement un peu d'ordre dans les souvenirs et qui empêchent les trop grandes confusions au moins quant à la chronologie. — L'année 1823 fut pour moi une de ces dates dont la mémoire se fait un point de repaire; quelque chose la caractérise, et fait que pour moi les souvenirs d'*avant* ne peuvent se confondre avec ceux d'*après* ; c'est un changement de domicile.

Nous quittâmes l'intérieur de la ville pour aller habiter un de ses faubourgs. Nous y étions comme en pleine campagne, tant la vue en était champêtre et jolie. La côte Sainte-Catherine tout entière avec les ruines de forteresse et d'abbaye qu'on y voyait encore, et, plus tard, avec son télégraphe lumineux. Combien de fois la nuit au clair de lune ou par les jours d'orages j'admirai de ma fenêtre toute cette pente sauvage ! Que de belles tempêtes, que de coups de foudre j'y ai vus.

A quelques pas de nous le coteau Saint-Hilaire, alors tout à fait désert, n'ayant pas même encore son cimetière monumental. Quel beau et vaste champ de joncs marins, et que de jolies linotes j'y dénichais au printemps, avec mon père, qui aimait à se promener par là le dimanche et même aussi quelquefois dans la semaine.

Ce voisinage des coteaux Saint-Hilaire, avec sa ferme des *Trois-Pipes* (1), la facilité d'y accéder de chez nous par des sentiers solitaires et rustiques, fut cause que pas une Saint-Vivien ne se passa, pendant quelques années, sans que mon père nous y conduisît. Rien de plus amusant et de plus innocent. C'était alors une idylle, comme on

---

(1) C'est-à-dire la ferme de *trois grosses tonnes*.

n'en voit plus, idylle des ouvriers toiliers et teinturiers, auxquels se mêlaient quelques petits fabricants, domiciliés la plupart sur la paroisse Saint-Vivien. La fête patronale se célébrait le dimanche à l'église : une petite foire s'ouvrait dans la rue Saint-Vivien, en face de la rue des Matelas, et puis, le lendemain lundi, on s'en allait, en famille, passer sa relevée *à la côte*. On y portait son dîner dans une casserolle, on y portait son pain ; le cidre, on le tirait à l'une des *trois pipes* de la mère Deshayes, qui ne fournissait rien autre chose, pas même un banc pour s'asseoir. On s'étendait sur l'herbe et l'on y faisait patriarcalement la dînette. J'ai dit que la mère Deshayes ne fournissait rien, c'est une erreur, elle fournissait la canne (cruche) et les verres. Les bancs et la table — une simple planche sur deux pieux — ne vinrent que plus tard. Ce ne fut que plus tard aussi qu'apparurent les premières gargotes.

Tout ce quartier Bihorel était à cette époque une thébaïde. Il y avait la ferme isolée des *Trois-Pipes*, la ferme de la Grande-Madeleine et puis des joncs marins, des joncs marins au-delà desquels se déroulait le panorama splendide que ne déshonorait aucune toiture, aucun mur, aucune construction grotesque. De certains coins, d'où l'on n'apercevait rien de la ville, on pouvait se croire à cent lieues de toute habitation. Vers cette époque on vit pourtant, au sommet du vallon Bihorel, se bâtir une maison, se dessiner et se planter un vaste jardin, cela parut presque fou. L'audacieux constructeur de cette maison et de ce jardin paraissait un peu extravaguer lorsqu'il prophétisait que ce vallon lointain et sauvage deviendrait avant la fin du siècle un des quartiers les plus peuplés, les plus charmants de la ville. Cette initiative heureuse, pourtant, ne fit pas la fortune de celui qui l'avait eue; c'est l'éternelle histoire, mais elle n'en devait pas moins arriver au succès que nous voyons.

Plus tard, cinquante ans plus tard, la commune du Boisguillaume, reconnaissante, donnait à l'une de ses rues le nom de celui qui, le premier, avait eu l'idée du quartier Bihorel; elle créait sur le terrain même qu'il avait défriché, la *rue Poullain-Dumesnil*.

Un trait distinctif des villes en ce temps-là, c'était leur séparation nette de la campagne; entassées, resserrées dans leurs étroites murailles, c'était tout de suite au dehors la Thébaïde. De nos jours, au contraire, les villes semblent n'avoir plus de limites, et l'on s'en croit sorti qu'on les voit recommencer pour se continuer souvent pendant des lieues. Prenons pour exemple la vallée de Bapaume qui, de l'avenue du Mont-Riboudet vous conduit sans désemparer à Déville, à Maromme, à Bondeville, au Houlme, à Malaunay, à Monville. Tous ces villages ou petites villes, qui se tiennent aujourd'hui, étaient alors distancés et fort distincts les uns des autres. Saint-Gervais même, au milieu de ses jardins, était isolé là-bas, sur la hauteur. Saint-Hilaire aussi, vers Darnétal, semblait fort à l'écart.

Mais revenons à la Saint-Vivien. On y dînait donc sur l'herbette en famille, enfants et parents réunis, et puis, le repas fait, trois ou quatre groupes se réunissaient pour la danse en rond, aux chansons. Les violons et la contredanse ne vinrent que plus tard.

Le quartier, peu à peu, s'infesta de guinguettes, de restaurants; la bonne senteur de l'herbe fut remplacée par l'odeur des cuisines.

A l'antique et patriarcale Saint-Vivien succédèrent les trivialités du bastringue.

Quels tableaux délicieux un Teniers eût pu rapporter de la fête, en son état primitif, avec ses groupes réjouis et débonnaires, festinant à l'ombre et même en plein soleil au bord des joncs marins.

Que de scènes amusantes, originales, naïves, que de joyeux rires, quelle gaieté vraie, quel délicieux abandon de ces toiliers sédentaires, de ces enfermés de toute l'année! Du soleil, de l'air, de fortifiants parfums, l'appétit développé par la promenade, le bon cidre de la mère Deshayes ou de la Grande-Madeleine où l'on boit aujourd'hui de si bon lait! C'était du fortifiant pour toute l'année. Les enfants ne pouvaient oublier cette journée d'ébats dans la campagne. Pères et mères voyaient avec orgueil courir et gambader la marmaille. Ils trouvaient les petits sous les pommiers des Trois-Pipes beaucoup plus beaux qu'à la maison. Ils y prenaient des couleurs et des yeux qu'on ne leur avait jamais vus.

On allait à la Saint-Vivien pour y puiser la vie, se refaire et se restaurer. Saint-Vivien c'était un peu *Saint-Vit-Bien*, et l'on s'en donnait à cœur joie.

XI

LA « MISSIONIDE » DE JOSEPH CAHAIGNE

On était en 1826; j'avais précisément dix ans. Toute la France chantait :

> Par brevet d'invention
> J'ordonne une mission.

Ce fut, en effet, l'époque où des missionnaires furent envoyés dans toutes les provinces, et il y eut en plusieurs villes grand scandale, notamment à Rouen. Les historiens de la Restauration ont raconté cela et sans doute le raconteront encore. La jolie chanson

> En vendant des prières,
> Vite soufflons, soufflons, morbleu !
> Éteignons les lumières
> Et rallumons le feu.

avait été faite dès 1819, mais c'est en 1826 qu'elle eut tout son succès dans notre ville.

Je compte cependant ne vous rien dire de la *Mission* parce que je ne fus témoin d'aucune des scènes qui en résultèrent, sinon que le lendemain d'une de ces scènes, ayant vu le nettoyage et l'aération qui se faisaient à l'église Saint-Vivien, j'essayai, avec un domestique, d'en franchir le seuil, ce qui nous fut impossible à cause de l'odeur dont on l'avait empestée. La plupart des autres églises, bien que toutes grandes ouvertes, furent ainsi forcément interdites pendant quelques jours. Mais, encore un coup, n'ayant rien vu de ces faits, je n'en dirai rien ; mais, si je n'ai rien à dire de la *Mission*, en revanche, je puis parler de la *Missionide*, petit poème en vers qui parut dans ces entrefaites.

En voici le titre exact :

La | Missionide | suivie | d'une épître | aux amis | des Missionnaires | par un Rouennais | Témoin oculaire des évènements || à Paris | chez les marchands de nouveautés | et à Rouen | chez Frère, libraire | 1826 || imprimerie d'A. Béraud | rue des Fossés-Saint-Jacques, n° 9.

J'aime à parler de ce petit poème local, aujourd'hui trop oublié, parce que l'auteur, Joseph Cahaigne, un jeune Méridional de beaucoup d'esprit, employé dans une maison de commerce à Rouen, était ami de mon père. Les premiers vers étaient à peine écrits qu'il vint les lire chez nous. Quelle agitation! quels éclats de rire. Des voisins furent invités, chacun dit son mot et de nouveaux vers s'ajoutèrent aux premiers. La séance recommença le lendemain et les deux ou trois jours suivants. Tout le monde faisait des copies de la *Missionide*. Mon père, qui ne tarda pas à la savoir par cœur, la récitait à tous venants. Quelqu'un à côté de lui ne tarda pas à la savoir aussi par cœur et à se la réciter à lui tout seul. Ce Monsieur, c'était votre serviteur qui vous la réciterait encore.

Les copies ne pouvant plus suffire, on imprima le

poème et la plus importante librairie de la ville en fit un petit in-32 fort joli, ma foi. Il s'en vendit des centaines et des mille. On voyait la minuscule brochure dans toutes les mains, dans toutes les poches. Je ne pense pas qu'il y ait eu depuis dans notre contrée un succès littéraire local comparable à celui-là. Par sa verve, par son entrain, par la bonne facture de son vers, le petit poème n'était pas indigne de cette vogue inaccoutumée parmi les poètes de province. Les journaux cependant ne lui firent aucune réclame, bien au contraire, et on ne le voit mentionné qu'avec ce qualificatif de « méchante rapsodie à cinq sous, intitulée la *Missionide* ». Mais nulle réclame n'était nécessaire; l'amusante et diabolique plaquette d'elle-même se faufila partout. Depuis deux ou trois ans on n'entendait parler en France que de missions et de missionnaires; deux ou trois chansons de Béranger avaient commencé le chorus. La *Missionide* arrivait à point.

>..................... Du fond du sanctuaire
> S'avance à pas comptés un grand missionnaire ;

Et le voici qui prêche!

Mais les perturbateurs se mettent à crier, les *dévotes* se sauvent, la police intervient et c'est un beau vacarme...

> Ignace épouvanté veut ramener la paix :
> « Rouennais, bonnes gens, vous que je chérissais... »
> Soudain de mille voix les voûtes retentissent.
> L'archevêque pâlit, les chanoines frémissent ;
> Et des aigres sifflets le son perturbateur
> Vient imposer silence au cher prédicateur.

> Les pétards fulminants, les bouteilles cassées,
> Les sanglots, les jurons, les chaises renversées,
> D'un liquide empesté l'insupportable odeur
> Ont transformé le temple en un séjour d'horreur.

....

Rien n'était drôle comme d'entendre Cahaigne avec sa verve méridionale déclamer et mimer son poème. Il y avait dans tout cela, d'ailleurs, un accent de conscience révoltée qui faisait plaisir.

Cahaigne n'était ni trop anti-religieux, ni trop sceptique. Un prêtre l'avait élevé qui était resté son ami. Des prêtres, disait-on, avaient lu la *Missionide*, et sauf quelques traits un peu vifs, n'en avaient pas blâmé l'esprit. Plusieurs curés commençaient à en avoir assez des messieurs missionnaires. J'entendis un vieux desservant de campagne, en 1829, dire à mon père : « Ils perdront tout. »

On a conservé à la Bibliothèque de Rouen un exemplaire de la *Missionide*, et c'est fort heureux, car je doute qu'on pût aisément en trouver plus de trois ou quatre. Quant à moi, je n'en connais pas d'autre. La destruction du poème avait été ordonnée par arrêt de justice, en date du 5 décembre 1826. Il est vrai que déjà la *Missionide* était dans toutes les mains. Mais ce que le parti dévot déploya de zèle à la détruire, on n'en a pas l'idée.

Du reste j'ai toujours pensé, sans en avoir la preuve, qu'il y eut sous la Restauration, et même un peu plus tard, une association pieuse pour la destruction des mauvais livres. J'eus pour camarade, au collège, un pauvre garçon — qui depuis est mort fou — lequel, sur l'avis de son confesseur, acheta pour le détruire un exemplaire en quarante volumes des œuvres de Voltaire.

— Bêta, lui dis-je, à quoi te servira-t-il d'avoir brûlé ces quarante volumes ? A mesure que vous les détruirez, on les réimprimera, et vous n'aurez fait qu'augmenter la fortune de quelques imprimeurs impies.

On cessa de brûler Voltaire qui renaissait de sa cendre ; mais les petits écrits à succès éphémère, qui n'avaient pas les chances de la réimpression, c'est admirable comme ils ont disparu.

Terminons en rappelant que Cahaigne fut envoyé plusieurs mois à Sainte-Pélagie. Mais ce qui est singulier, c'est que de sa prison même l'auteur de la *Missionide* publia une nouvelle satire (*Sainte-Pélagie ou plainte d'un prisonnier, épître à M. le Conseiller d'État Delavau, préfet de police*).

> Avant de commencer, Muse, recueillez-vous ;
> Prêtez à ma raison vos accents les plus doux.
> L'homme à qui vous parlez est préfet de police
> Et conseiller d'État...

Ceci encore en 1826 ; mais l'année suivante, le poète, sorti de prison, publiait *les Peyronnéennes*, deux *Épîtres satires à M. de Peyronnet*. Pour ces trois productions, verve, gaîté, talent, tout a faibli. Empêtré dans les vieilles formes étroitement classiques, sans élan vers les nouveaux cieux, retenu dans une éducation philosophiquement insuffisante, l'auteur reste froid, terne, épais, en dépit d'une inspiration restée toujours honnête. Mais, on le sent, le poète est fini. Il s'était donné tout entier dans la *Missionide*. De la prison de Sainte-Pélagie, il ne revint pas à Rouen, et jamais, depuis, je n'en entendis parler. J'ai revu seulement son nom figurer longtemps dans quelques journaux parisiens qui jamais ne lui rendirent le succès de la *Missionide*.

XII

LA PETITE VALLÉE DE MANCHESTER

C'était en 1827, c'est sûr. J'en ai pour garant une ardoise au haut d'une maison, ardoise bien et dûment datée... Le mois, le jour, je n'en sais rien ; mais c'était en été, et je puis dire qu'il était environ six heures du matin quand nous partîmes en petit char-à-bancs, mon père, un de mes camarades et moi. Le camarade avait treize ans, j'allais en avoir onze ; l'air était délicieux, le ciel pur, la campagne constellée de fleurs...

Notre sortie de la ville se fit par le boulevard du Mont-Riboudet. Le boulevard du Mont-Riboudet, comme tous les boulevards de ce temps-là, n'avait ni ruisseau ni égout ; mais entre les arbres, de grandes fosses, longues de deux à trois mètres, profondes d'un mètre environ, servaient de récipient aux eaux du ciel. La plupart restaient constamment pleines d'une boue épaisse et fétide où, de temps en temps, les passants se noyaient. De maîtres crapauds surgissaient de ces trous, particulièrement au Mont-Riboudet et sur le *Boulevard du Bureau* ou *Boulevard de l'Hospice,* devenu *Boulevard Gambetta.* Ces crapauds, dans mon enfance, m'amusaient beaucoup.

Le boulevard du Mont-Riboudet, en 1827, c'eût été vraiment le désert sans les chantiers Lemire qui commençaient de l'animer un peu.

Au haut de la montée, quelques maisons pourtant, et puis venait Déville, où mon père en passant nous fit voir, à la porte d'un serrurier, le marteau de Georges d'Amboise, placé tout justement comme il l'est aujourd'hui à la porte du musée d'antiquités, enclave Sainte-Marie.

Derrière l'église de Déville, sur le bord de la route, à droite, la maison de campagne de la famille Flaubert, maison très jolie, quoique modeste, et déjà célèbre pour avoir servi de résidence quelques mois à Voltaire.

Mais ceci, c'était déjà de l'archéologie, et peut-être en fûmes-nous moins impressionnés que de l'histoire contemporaine : à Déville, à Maromme, à Bondeville, au Houlme, ce que nous admirions, c'était de voir partout se construire les blanches et hautes filatures, les teintureries, les indienneries : usines, magasins, maisons, maisonnettes sortaient de terre comme les morilles au printemps. Partout étaient à l'œuvre maçons, charpentiers, menuisiers, serruriers, peintres. Partout circulaient, allaient, hydrauliciens et mécaniciens. Ce mouvement, qui ne faisait que commencer, devait prendre, après 1830, une bien autre activité. Mais le spectacle n'en était que plus nouveau. Au Houlme déjà, sur le bord de la route, s'étalait comme un vaste éventail la filature de M. Levavasseur, avec son écusson et ses armoiries. Michelet, quinze ou seize ans plus tard, dira : *Quel est ce magnifique hangar féodal ?*

A Malaunay, même agitation, même élan à bâtir. Ce chapelet d'usines devait aller bientôt, sans interruption, de Rouen à Monville (où nous arriverons tout à l'heure), si bien que la vallée où se réunissaient les rivières de Clères et de Cailly fut surnommée *petite vallée de Manchester*.

Mon père qui, lui aussi, bâtissait à Clères sa petite usine, s'arrêta à Bondeville chez un charpentier hydraulicien. Les ateliers, la cour fourmillaient d'ouvriers en train de construire des roues, des grands rouets, des arbres tournants, des arbres de couche. En une séance, nous apprîmes, le camarade et moi, tous ces termes. Nous étions dans l'admiration de toute cette vie, de toutes ces nouveautés ; c'était la naissance du monde industriel. Sur la route, les cafés et restaurants s'intitulaient : *Café du Commerce, Hôtel de l'Industrie*, ou bien c'était *Au nouveau Monde*. Mais cela après 1830 ; je le consigne ici pour n'avoir pas plus tard à y revenir ; alors aussi sur les enseignes s'inscrivit le souvenir des *Trois journées*. Ce fut une explosion de cafés *Lafayette*. Il y eut pour enseigne d'une guinguette, au Mont-Riboudet, un fier coq gaulois avec cette devise : *Il a chanté trois jours.* Les perruquiers qui se transformèrent en coiffeurs ornaient leurs *salons*, dehors et dedans, de peintures, de portraits et d'inscriptions en vers patriotiques.

Lire les enseignes, c'était un plaisir. Eh ! vraiment, c'était un cours d'histoire contemporaine. Nous y devenions, le camarade et moi, très savants. On s'était arrêté chez le constructeur de Bondeville ; on s'arrêta au *Café du Midi*, à Malaunay, pour faire manger au cheval un picotin et pour casser une croûte. Pendant que le cheval achevait son avoine, nous courûmes au bord d'un ruisseau peuplé d'épinoches et de vérons ; nous visitâmes quelques-unes des constructions commencées, les vastes ateliers, les rivières barrées, détournées de leur cours, disposées pour arriver en chute sur les roues, tout cela était un spectacle...

A Monville, activité plus grande encore et métamorphose plus rapide. Le baron de Monville s'était mis à la tête de ce mouvement industriel ; il avait visité les usines anglaises et donnait aux siennes, mieux qu'aucune autre, le cachet britannique. Nous eûmes l'ébahissement de maisons, de bâtiments de toutes sortes couverts en papier, M. de Monville s'étant engoué de ce genre de couverture légère et peu coûteuse.

Ce n'était pas un voyage à quatre lieues de Rouen que nous faisions, c'était un voyage en pays nouveau, en pays imprévu, nous étions en plein Manchester. Ah ! chère vallée, que tu nous parus riche et belle !

Une excursion dans la lune et dans les étoiles ne nous eût pas causé plus de surprises. Nous poussions des cris de joie et d'admiration.

De Rouen à Malaunay, nous avions eu la *route royale*. L'entretien peut-être laissait à désirer et le conducteur de la voiture devait avoir l'œil attentif aux ornières, mais, tout au moins, il y avait à droite et à gauche de l'espace.

Mais à Malaunay finissait pour nous la route royale et commençait le chemin de traverse, ou plutôt le chemin des *traverses*. Toutefois, jusqu'à Monville, on allait encore. Les voitures du baron de Monville passaient par là tous les jours, et le baron avait trouvé moyen d'en combler ou faire un peu combler les plus grands trous. On avait élagué les branches trop basses qui le recouvraient. Les flaques d'eau et de boue, même au fort de l'été, ne manquaient pas. Mais enfin on y passait sans péril.

Le vraiment difficile commençait à Monville : pour continuer vers Clères, il n'y avait plus rien. Ce qu'on appelait chemin, c'était une obscure fondrière, un ravin d'où rarement on apercevait le ciel. A pied, on en avait jusqu'aux genoux ; en voiture, on risquait à tout instant de verser et de se rompre le cou. Il nous fallut une partie du trajet marcher auprès de la voiture, que, de temps en temps, nous retenions ou soulevions pour l'empêcher de chavirer ; mais pour des bambins de onze et treize ans, tout cela c'était réjouissance. Celui qui ne s'amusait pas, c'était mon père. Les courroies de notre banc cassèrent ; il dut, au coin d'un petit bois, se faire bourrelier pour les rafistoler.

Pendant ce temps, nous prenions nos ébats, nous croyant arrivés aux forêts d'Amérique.

Ah ! c'était un voyage cela, je vous en réponds !

Il faut, pour être juste, ajouter qu'à deux kilomètres environ de Monville on put remonter en voiture et y rester, non sans souci pourtant et sans cahots terribles, jusqu'au terme du voyage.

Le terme du voyage, c'était la petite usine paternelle que précisément on était en train de couvrir ; aussi les couvreurs nous demandèrent-ils, au camarade et à moi, d'attacher leurs ardoises d'honneur. Cela fait, nous allâmes à la découverte.

Moi j'avais déjà vu le pays, j'en connaissais les sentiers ; mais le camarade n'y voyait que labyrinthe de ruisseaux, de sources, d'étangs, de prairies en fleurs et puis des bois, des bois, des bois ! Tout d'abord, il me demanda s'il n'y avait pas là-dedans des bêtes dangereuses...

Qui croirait que, trente ans plus tard, le statuaire Auguste Préault me faisait dans les mêmes bois la même question ?

Voilà comment, de 1827 à 1830, 1835, et même un peu par delà, on vit se bâtir, se peupler, s'animer *la petite vallée de Manchester*. Spectacle inoubliable : celui de tout un peuple s'élançant vers le travail libre. Rarement il dut y avoir dans le monde autant de confiance et d'espoir. C'est de cette confiance, de cet espoir, de cette jeunesse que 1830 tira son enthousiasme naïf, sa beauté, sa gaîté. Ce fut, aux trois jours de juillet, une explosion de chansons et de rires. Jamais depuis rien n'a rappelé, même de loin, cette heure unique.

Les historiens de 1830 n'ont pas bien dit cela. Les résultats incomplets de cette révolution, le mécompte des partis trop avancés ou trop attardés, les espérances déçues chez les prolétaires, leur affranchissement retardé, tout cela n'a que trop fait oublier les charmes de la première heure. Si ce fut une aurore suivie d'un jour sombre, l'aurore n'en fut pas moins pure, souriante et radieuse.

Pour ma part, j'aurai toujours présente cette ferveur pleine d'allégresse, cette bienveillance et cette concorde où tous se sentaient n'avoir qu'un même cœur. La France a quelquefois de ces jours ; ils sont le trait distinctif de sa vie. Dix fois on a cru chez elle tout perdu, et dix fois tout s'est réveillé héroïque et sublime.

Que d'exemples en pourraient être cités si nous faisions ici de l'histoire. Mais ces causeries ne sont que simples, tout simples récits d'impressions personnelles.

Je dirai : J'étais là, telle chose m'avint.
Vous y croirez être vous-même.

XIII

FLEURISTES ET BOUQUINISTES

Lors de notre changement de domicile, en 1823, j'avais eu d'abord un chagrin, celui de perdre le petit jardin dont j'ai parlé et où j'avais fait de si jolis apprentissages.

Un jour que j'exprimais devant mon père le regret de ne l'avoir plus, il me dit :

— Tu voudrais un jardin, fais-en un ; tu peux prendre tout ce coin de terrain.

Le *coin de terrain* désigné par mon père était aussi agréablement situé que bien exposé, recevant à plein le soleil depuis son lever jusqu'à son coucher. Malheureusement, toute la cour avait été remblayée de plus d'un mètre de machefer. Comment cultiver là-dessus ?

Mon père m'indiqua un endroit au dehors, peu éloigné cependant, où je pourrais trouver d'excellente terre ; il me mit en main une bêche, une brouette, un râteau, et me voilà charriant. En peu de jours j'eus préparé de quoi faire mes premières plantations ; mais le croira-t-on ? pendant près de deux ans je continuai de brouetter la terre et d'agrandir mon domaine. Mon père me voyant si bien travailler doubla l'espace qu'il m'avait concédé d'abord et me dit :

— Rien n'est plus beau que de créer soi-même son propre sol.

Le sol que je créai et le jardin que j'y plantai je les ai très exactement décrits cinquante ans plus tard dans un article intitulé : *Le Jardin de M. Bar*, publié par le *Magasin pittoresque*, où j'en ai publié tant d'autres !

Le machefer qui m'avait désolé d'abord, je ne tardai pas à m'apercevoir qu'il formait à mes cultures un soussol excellent, véritable drainage qui ne laissait séjourner aucune humidité.

Cette idée qu'eut mon père de me faire créer un jardin

fut pour moi le plus salutaire des exercices et des apprentissages; j'y mis une activité, une passion, un déploiement d'efforts et d'énergie qui contribuèrent au développement musculaire. Les médecins avaient déclaré doctement que je ne vivrais pas, que je ne dépasserais pas la quatorzième année, *le double septennaire*, avait dit l'un d'eux, avec quelle tête!... Heureusement, ils avaient compté sans cette bonne inspiration paternelle. Je suis aujourd'hui persuadé que je lui dus le salut.

Je ne sais, en effet, pour un enfant, rien de plus sain que le jardinage; je dis de plus sain même au point de vue moral. Qui a bien observé les phénomènes de la vie végétale sera prémuni contre bien des chimères et bien des extravagances. Cela, je l'ai dit et redit à satiété dans *la Vie des fleurs*, dans *la Campagne*. Je l'ai répété seize années de suite dans les *Loisirs du père Labèche*, dans les journaux horticoles de P. Joigneaux, dans le *Journal de l'Agriculture*, je le redirai jusqu'à mon dernier jour, parce que l'on semble ne pas l'avoir encore assez entendu.

Tout naturellement, le goût du jardinage me fit lier connaissance avec plusieurs jardiniers et avec quelques amateurs de culture, dont plusieurs à peu près de mon âge. J'ai plaisir à citer, parmi ces derniers, Eugène Pinel, qui s'est fait depuis, à Rouen et par toute la France horticole, une réputation méritée. On l'appelait à Rouen le *médecin des fleurs*, et, dès qu'une plante de valeur paraissait irrémédiablement atteinte, on la portait à Pinel.

— Il nous en a ressuscité de mortes, disait un membre

de la *Société d'horticulture* de la Seine-Inférieure, chez l'imprimeur Alfred Péron, le très aimable et très érudit directeur de la *Revue de Rouen*, dont l'imprimerie était comme une académie, où se rencontraient et causaient sans fin tous les Rouennais, hommes de littérature et de science.

Mais revenons à Pinel, le *médecin des fleurs*, qui, pour les végétaux d'origine exotique, semblait avoir pris à cœur, non pas seulement de les acclimater, mais de les apprivoiser. Quelles instructives conversations j'eus avec lui dans son jardin et dans ses serres, notre bonne fortune nous ayant fait, dès l'enfance, presque voisins !...

Je me consolai donc du jardin perdu par la création du jardin nouveau, d'autant plus aimé qu'il était mon œuvre à moi-même et que j'en avais seul l'entière disposition. La vaste cour qui l'entourait était d'ailleurs dans une situation délicieuse, dominant la verdoyante et riante vallée de Darnétal, ses jardins maraichers, ses prairies, ses ruisseaux et sa côte Sainte-Catherine, si chère aux géologues.

Une autre chose encore me délectait dans le nouveau domaine, et que je n'avais jamais eue à ma disposition, quoique toujours je l'eusse enviée. C'était, dans un coin charmant et tout rustique de la cour, un arbre, un véritable arbre, haut, superbe, plein d'oiseaux en été, et dont j'aimais à entendre le feuillage bruire au souffle du vent. Cet arbre était un orme, et savez-vous ce que j'en fis ? mon cabinet de lecture aux beaux jours. Je m'appris, grâce à lui, à grimper aux branches comme un chat. Une de ses fourches, très ouverte et très bien disposée, m'offrit un siège commode, et, très bien caché par le feuillage, je passais au haut de mon orme des heures délicieuses à lire les livres que me donnait mon père ou que j'achetais moi-même, car j'eus de très bonne heure, avec le goût des fleurs, celui des bouquins, et toutes les petites pièces que me donnait ma mère s'en allaient au marché aux fleurs ou chez les bouquinistes de la ville, si bien que bouquinistes et fleuristes avaient fini par me prendre en affection. Je me plaisais à causer avec eux et j'en ai reçu souvent de très bons conseils. Je pourrais citer, parmi les bouquinistes, le père Claverie, qui, ne sachant lire qu'à grand'peine, n'en a pas moins fait pendant plus de soixante ans le commerce des livres, dont il connaissait la valeur comme personne au monde ; les bibliophiles en herbe le consultaient avec fruit.

Le plus bizarre, c'est qu'il parlait littérature en fin et délicat connaisseur. J'ai passé des heures à causer avec ce brave homme sur la place Saint-Sever et à la foire Saint-Romain, et jamais sans profit, surtout dans mon enfance. Pinel et lui sont morts à peu près dans le même temps, mais Pinel n'avait pas soixante ans et Claverie en avait bien près de quatre-vingts.

Maintenant, au jardin de Solférino (je n'en ai plus d'autre), j'ai plaisir, parmi les jolies cultures de M. Varenne, à me rappeler Eugène Pinel et ses bonnes leçons de jardinage ; j'ai plaisir, à la Bibliothèque, entouré de 150,000 volumes, à me rappeler Claverie qui m'en a tant vendu autrefois, avec qui j'en ai tant échangé, et qui, lui aussi, guida mon enfance de ses judicieuses indications.

XIV

COLLÈGE, ÉLÈVES ET PROFESSEURS

Nous ne sommes pas au mois de juillet 1830, mais nous en approchons ; déjà il y avait dans l'air des frissons précurseurs de l'orage...

Au mois d'avril, je pense, éclata au Collège de Rouen une mutinerie singulière... Si je ne suis pas très sûr de la date, je puis du moins affirmer que la mutinerie se produisit le jour même où je devais faire mon entrée au Collège en qualité d'externe et comme élève de la pension Vallée, qui, de la rue Damiette, venait de se transférer place Saint-Godard.

Les collégiens internes, préméditant dès la veille leur petite émeute, s'étaient mis pendant la nuit en état de défense. Qu'avaient-ils fait de leurs *pions* ? Je l'ignore. Mais, au matin, des barricades se trouvèrent construites dans tous les dortoirs. Pour en obtenir l'ouverture et débusquer les insurgés, il fallut un véritable siége, où, pour artillerie, on se contenta de quelques pompiers venus avec des pompes à main.

J'assistai du dehors à ce siége ; je vis le proviseur Faucon, vêtu d'une longue et risible redingote verte, monté sur une chaise, près de la loge du concierge, haranguer les externes qui, de la porte, faisaient aux internes des signes d'intelligence. Le tapage et les cris empêchèrent le cher homme d'achever sa harangue.

Grâce aux pompiers, l'ordre se rétablit. Le Collège fut

fermé quelques jours ; une demi-douzaine d'élèves furent chassés, et puis, les choses ayant repris leur cours, je fis mon entrée définitive dans le futur *Lycée Corneille*, qui n'était encore que *Collegium Rothomagense*. Mais le souvenir de cette émeute et de ce siége, vraie seringuade d'apothicaires, ces cris, ces bousculades, ce proviseur solennel au milieu de nos bouffonneries, tout cela me rendit pour longtemps la maison un peu cocasse, et, malheureusement, m'empêcha de la bien prendre au sérieux dans le début.

Quelques-uns des premiers professeurs dont j'eus à recevoir les leçons me firent, d'ailleurs, l'effet de bonshommes très ennuyeux ; ils dataient d'avant le déluge, c'est-à-dire d'avant la Révolution, qui paraissait pour eux comme non avenue, même en littérature, même en philosophie, alors que nous autres, jeunes messieurs de 1830, nous lisions notre compatriote Casimir Delavigne, Châteaubriand, Lamartine, Victor Hugo, Alexandre Dumas, et que le jeudi nous nous réunissions dans un grenier, chez l'un de nous, pour chanter les chansons de Béranger et de Désaugiers, quelquefois si charmant... La phrase est un peu longue, mais bien plus longs encore étaient nos entretiens littéraires et philosophiques et même politiques. L'un de nous, futur conseiller général, préparait le *Livre des peuples* et nous en discutions le plan ; le frère d'un autre futur conseiller général entreprenait une histoire de la marine française ; un troisième avait déjà rédigé les premiers chapitres d'une *Histoire de France*. Il y avait aussi parmi nous des poètes, et l'un d'eux nous apportait chaque semaine, pour deux sous, cent vers d'un poème : *La Napoléonienne.* Moi qui vous parle, je composais et lisais aux copains une comédie en deux actes et en vers : *Ma Femme a raison.* Je l'ai brûlée depuis, étant en rhétorique, dans un mouvement de dédaigneuse colère contre les insuffisances du collégien de sixième.

Tout cela sans doute fera rire le lecteur ; mais ces outrecuidances de bambins montrent l'état des esprits à cette heure singulière de 1830. Le vent soufflait aux grandes entreprises, aux grandes hardiesses en tout genre et, si vous le voulez, aux puériles folies.

Mais comme nous nous y amusions, et quels élans d'amitié franche et sincère ! On ne tarda pas à fonder le *Journal des Amis,* une feuille manuscrite qui mit pendant un an cent têtes à l'envers.

Nos professeurs, nos pauvres professeurs — tout honnêtes gens qu'ils fussent — nous apparaissaient donc très loin, très loin en arrière de nous. Il en vint un cependant pour lequel tout de suite nous sûmes très bien faire l'exception : jeune, ardent, actif, zélé, plein de savoir et d'esprit. Vous jugez du contraste avec les autres ! C'était M. A. Chéruel, le professeur d'histoire.

Avec un souffle, une verve, une netteté qui nous enchantaient, il nous faisait parcourir en son ensemble le grand drame historique où les nations servent de personnages. Il nous le commençait, ce drame, aux anciens Égyptiens, aux anciens Mèdes, aux anciens Assyriens, pour le continuer à travers tous les peuples et tous les siècles jusqu'aux approches de la Révolution française, dont il nous faisait pressentir la grandeur... Nous l'avions surnommé *Téglath-Phalasar*, mais nous l'aimions, nous l'écoutions avec bonheur, avec admiration et respect. L'auteur du futur *Livre des Peuples* voulait lui dédier son ouvrage et tous nous comptions, de façon ou d'autre, lui témoigner notre gratitude. M. Chéruel prenait les élèves du Collège de Rouen dès la cinquième, les suivait en quatrième, en troisième, en seconde et en rhétorique. Il fut, pour notre jeunesse, un vrai porte-lumière. Il nous faisait en classe des lectures d'Augustin Thierry, de Mignet, de Sismondi, de Guizot, de Michelet. Nous pénétrions avec lui dans le véritable esprit moderne, du moins nous le semblait-il.

Pour en finir tout de suite avec le Collège, qu'on me permette d'anticiper un peu et de dire que, plus tard, deux ou trois autres professeurs nous devinrent aussi très chers. Au premier rang doit trouver place M. Vacherot, professeur de philosophie; le charme de ses leçons, l'affabilité de sa personne, ses bons conseils, sa douceur nous charmèrent; nous l'écoutions avec plaisir nous exposer, sans trop comprendre, les détails les plus obscurs de la psychologie. Disciple de Cousin, il en avait pris le beau style jusque dans la conversation; sa façon de dire intéressait plus même que ce qu'il disait, et puis jamais un pensum, et la classe la mieux tenue, la plus attentive!

Un autre professeur encore, de beaucoup de mérite, doit être cité parmi ceux dont l'enseignement fut véritablement supérieur. Lui aussi a laissé un nom respecté. Malheureusement, il devait mourir jeune; mais ceux qui l'ont eu pour guide n'ont oublié ni son savoir, ni sa bonhomie aimable : c'était le professeur de physique, M. Person, qui, sans pose doctorale, dans un langage tout simple, tout familier, mais d'une clarté parfaite, nous faisait saisir les lois merveilleuses de la dynamique, de l'acoustique, de la chaleur, de la lumière, de l'électricité, etc. Il joignait aux explications verbales des expériences qu'il faisait avec une dextérité, une habileté surprenantes, et nous prenions à ses leçons un vrai plaisir. Son cours était pour nous une fête et la meilleure des récréations.

Nous eûmes aussi quelques leçons d'histoire naturelle de M. F.-A. Pouchet, l'une de nos futures gloires rouennaises. Et par ces quatre professeurs, tous destinés à la célébrité, nous reçûmes une inaltérable initiation.

Chose à noter ! bambins que nous étions de quatorze, quinze, seize et dix-sept ans, nous sûmes très bien pressentir que ces quatre jeunes maîtres se feraient une réputation. Les enfants ont un flair instinctif du vrai mérite et s'y trompent rarement.

1835-1840

XV

COURS PUBLICS ET AUTRES LIEUX D'ENSEIGNEMENT

On vient de voir les succès de quelques professeurs du Collège; trois ou quatre des professeurs des cours publics n'eurent pas une moindre vogue. Girardin, entre autres, avec son élégance de parole, sa précision, sa clarté parfaite, contribua très largement à populariser dans notre ville le goût des sciences. Person, dont je parlais au précédent chapitre, l'excellent Person, par sa simplicité, son savoir aussi grand que modeste, sut inspirer à ses auditeurs non pas seulement l'estime mais l'affection. On l'aimait pour l'absence totale de prétention et de pose, dont tout de suite il fit preuve. Les mains dans les poches, sans phrases préparées, mais avec une science sûre d'elle-même, il éveillait chez ses auditeurs l'attention et la sympathie par ses expériences délicates, habiles et toujours réussies. Aussi s'étouffait-on pour l'entendre, surtout pour le voir au milieu de ses préparateurs prendre sa part, et non la moins active, à la mise en train des appareils.

Pouchet, un peu solennel dans les premiers temps, ne tarda pas à devenir un maître dans l'art d'enseigner. Il se mêlait d'ailleurs à ses leçons une élévation de pensée, une nouveauté d'aperçus, une variété d'érudition qui étonnaient et charmaient. Combien de ses auditeurs lui durent de prendre goût à l'histoire naturelle !

En ces temps primitifs et innocents, on se plaisait à la science pour la science elle-même, on étudiait la nature en vue d'élargir, de féconder, de charmer son esprit, et non uniquement pour le *bachot*, le diplôme ou le certificat. On venait à ces libres cours comme à un bon festin moral, on s'y sentait heureux de ce bonheur qu'on éprouve à devenir plus riche et plus fort. C'était, chaque dimanche et dans quelques soirées de la semaine, comme un rehaussement de soi-même, auquel, pour rien au monde, on n'eût voulu manquer.

Girardin, par la nature même de son talent un peu fier, tenait son auditoire à distance. Person, tout débonnaire, semblait plutôt dialoguer et causer avec ses élèves que leur parler *ex-professo*. Au Collège même, le dialogue s'établissait en réalité et la leçon se changeait quelquefois en une causerie toute pleine d'abandon et d'attrait.

Pouchet appelait la confiance, causait volontiers après la leçon, donnait à ceux qui lui en demandaient quelques explications supplémentaires. Il mettait sa bibliothèque à la disposition des plus studieux. C'était l'âge d'or de l'étude. Maîtres et disciples ne formaient pas deux camps ; on se sentait en confraternité parfaite, tous ne voulant que s'instruire les uns par les autres. Les maîtres ne dédaignaient pas les renseignements que quelquefois apportaient les élèves. Ceci s'applique surtout à MM. Pouchet et Person — Girardin n'était pas d'un aussi facile accès. — On sentait la barrière, au cours de chimie, entre l'orateur et son auditoire. Je dis *orateur* parce que Girardin était, de tous, le plus préoccupé du *bien dire*. Quelles bonnes soirées et quels bons dimanches on passait à ces trois cours ! Pas un de ceux qui les suivirent n'a pu les oublier.

Un autre bon lieu pour l'esprit, c'était la bibliothèque.

Il est vrai que pour mon compte je ne la fréquentai qu'après 1832, c'est-à-dire après que M. André Pottier en eût été nommé conservateur. Je n'y ai pas connu son prédécesseur, M. Licquet. — L'on n'était alors admis dans la salle de lecture que quelques heures dans la journée. Une demi-douzaine de lecteurs s'y réunissaient ; c'était silencieux ; c'était sombre ; c'eût été imposant sans le va-et-vient frétillant du bonhomme Potel, garçon donneur de livres, qui se levait de sa chaise comme par un ressort. C'était un petit vieux, tout trapu, vêtu de gris comme un meunier, maigre de visage, avec des yeux vifs et inquisiteurs; toujours grognon, mais toujours bon ! très serviable en geignant avec un visage amusant. Il lisait, lisait, lisait avec gloutonnerie, et l'on avait le sentiment de toujours le déranger au point intéressant de sa lecture lorsqu'on lui demandait le livre que soi-même on désirait lire. Oh ! l'on était sûr de l'avoir à l'instant même, tant il était pressé de reprendre sa propre lecture. Il connaissait d'ailleurs les 33,000 volumes de ce temps-là comme les doigts de sa main. Il devait les avoir tous lus ; au besoin il en parlait en docteur, avec ses idées à lui, sur les uns et sur les autres.

Pour tenir en respect les visiteurs et les lecteurs, il se donnait autant qu'il pouvait les airs renfrognés et rébarbatifs derrière lesquels, quoi qu'il fît, apparaissait toujours le bonhomme !... On n'était pas bien sûr, en présence de ces deux yeux perçants et malins, que lui-même n'eût pas au fond quelque envie de rire de ses contenances bourrues. Le premier livre que je lus à la bibliothèque fut *Don Quichotte*. Le chapitre des moulins à vent me mit en telle gaieté qu'il me fut impossible de ne pas éclater. Potel bondit sur sa chaise, vient à moi en se

faisant une tête d'Othello tuant Desdémone, et me dit :
« On ne vient pas ici pour rire. »

Ce petit bout d'homme pétulant exhalait le comique en telle profusion qu'il en rejaillissait je ne sais quoi sur le bibliothécaire lui-même, le mince et long et lent M. Pottier, que Lamartine n'eût pas manqué d'appeler un in-folio mal relié, ainsi qu'il le faisait pour un bibliothécaire géant de sa connaissance.

Tous, cependant, respectaient en M. Pottier une encyclopédie vivante, qui, de la façon la plus aimable, se mettait à la disposition des plus humbles. Les renseignements, sur toutes choses, on pouvait les lui demander, jamais son érudition pas plus que son inépuisable complaisance ne se trouvaient en défaut. M. Pottier contribua certainement à donner à notre chère Bibliothèque de Rouen un charme, une popularité que, sans lui peut-être, elle n'eût jamais eue ; il ne l'a pas seulement enrichie, surtout en ce qui concerne l'histoire et l'archéologie locales, il sut en faire pour tous un lieu de bonne et bienfaisante attraction.

N'oublions pas son collaborateur, le laborieux Fossard, le sous-bibliothécaire que l'on vit plus de cinquante ans travailler à son catalogue des manuscrits normands. Le père Potel mêlait à tout cela sa cocasserie, mais la Bibliothèque, en son ensemble, avec ses livres austères, avec son personnel instruit et affable, n'en inspirait pas moins, à la jeunesse surtout, un très grand respect.

Sans doute, deux ou trois polissons s'égayèrent quelquefois, à propos du bonhomme Potel, sur tout le personnel du vénérable établissement. On changeait une lettre au nom du sous-bibliothécaire, et l'on se permettait, entre collégiens, les plus sottes chansons,

Sur Pottier, Potel et Fessard.

Les temps, heureusement, sont changés, et l'on se demande aujourd'hui quel bambin oserait chansonner messieurs les bibliothécaires.

XVI

LA HALLE AUX TOILES

Je ne fis pas connaissance seulement avec la Bibliothèque durant cette période, je fus aussi quelquefois, avant mon entrée en pension, conduit par mon père, le vendredi, à la halle aux toiles.

On n'a plus l'idée, aujourd'hui, de ce qu'était cette halle avec ses entassements de toiles aux mille couleurs; il n'y avait pas seulement l'entassement des toiles, il y avait l'entassement des fabricants, venus pour la plupart du pays de Caux. On les reconnaissait à la rondeur de leur tête, à leur face épanouie, joyeuse et narquoise. Contents d'eux-mêmes, nageant, pêchant, triomphant dans le gain. La parole était haute, l'éclat de rire sonore. Le mouvement des hommes et des marchandises était vertigineux. En quelques minutes se faisaient de l'œil, du doigt ou de la voix des marchés considérables. Tout fut pour moi là-dedans éblouissement et surprise.

Mon père, échangeant une poignée de main avec l'un de ces hilarants Cauchois, j'entendis :

— Bonjour, monsieur Pouyer.

Il en vint un second, d'aussi belle apparence, et ce fut encore : bonjour, monsieur Pouyer, quatre, cinq, six *Pouyer* furent ainsi salués et je crus d'abord que, dans ce lieu étrange, tout le monde s'appelait ainsi, sur quoi j'imaginai que Pouyer voulait dire industriel et fabricant.

Voilà pour la première impression, mais je vis par la suite qu'il y avait des distinctions à faire parmi les Pouyer, qu'il y avait là aussi branche aînée et branche cadette. Quelques-uns d'entre eux, appartenant à l'une et l'autre branche, étaient avec mon père en relations d'affaires et d'amitié. J'appris donc à les connaître d'autant mieux que quelques-uns, à dater de 1823, commencèrent à fréquenter la maison. Mon père aussi me conduisit chez eux à Rouen et à la campagne. Il y avait donc une tribu de Pouyer établie et régnante dans l'ancien royaume d'Yvetot et même par delà. Tous étaient ensemble en bonnes et cordiales relations, tous s'aidaient et se soutenaient les uns les autres. Tribu envahissante et conquérante, il circulait au cœur de ces gens-là un reste du sang de l'ancien duc Guillaume. Activité infatigable, entreprises hardies, parole abondante et spirituelle, bonhomie mêlée à la ruse, gaîté communicative, accueil cordial, franche et large hospitalité, grand appétit, grande soif, amour de la bombance, jovialités de la table, tout attirait vers cette étrange famille. Je ne l'ai pas connue tout entière assurément, mais j'en pourrais dresser encore un assez beau dénombrement.

Il y avait tout d'abord Pouyer père, et puis Pouyer aîné, Pouyer jeune, Pouyer-Helloin, Juste Pouyer, Pouyer-Quertier, Pouyer-Pouyer, je crois même avoir entrevu un Tranquille Pouyer. Mais on se demande comment le prénom de *Tranquille* a pu entrer dans cette dynastie agitée.

Les Pouyer cependant n'emplissaient pas toute la halle de Rouen, d'autres noms et d'autres types y figuraient également très caractérisés et de très forte race; chez tous il était aisé de reconnaître cette belle et fière race cauchoise, l'une des plus remarquables certainement qu'ait eue l'ancienne France.

Quelques années plus tard, en dehors même de la halle, s'établirent d'autres fabricants qui tenaient leur petit marché dès le jeudi au passage Saint-Jean, rue Saint-Jean et rue du Tambour. Au passage Saint-Jean, si je ne me trompe, commença modestement la maison Besselièvre. Quelques-unes de ces familles cauchoises se sont perpétuées, mais combien d'autres ont disparu de la scène! Les dynasties industrielles quelquefois sombrent plus vite encore que les dynasties royales.

Ce spectacle vraiment imposant de la halle aux toiles de Rouen, renouvelé tous les vendredis, dans les vastes pièces qui servent aujourd'hui de magasin au matériel du Théâtre-des-Arts, ne saurait se décrire; il eût fallu le dessiner ou le peindre, ce que l'on n'a pas fait, je crois.

Je comparais, en commençant, les industriels cauchois

qui s'y étaient établis aux anciens ducs de Normandie.
Les halles avaient été, en effet, bâties sur l'emplacement
même du palais des anciens ducs. Eh bien! les industriels qui n'avaient autour de leur halle ni archers ni
tours pour les garder, avaient, croyez-le, sur le monde
une bien autre puissance que celle d'un Guillaume ; ils
accomplissaient de bien autres conquêtes.

Rien ne serait plus curieux aujourd'hui qu'un tableau
représentant à son *étal* quelqu'un de ces Cauchois, fondateurs de notre grande industrie toilière. Paysans non
encore *dépaysannés*, comme l'ont été leurs fils, on y verrait à plein la vigueur et l'énergie natives. Il y avait là
des têtes uniques comme on n'en voit plus. Quels effets
un Rembrandt eût pu en tirer dans le demi-jour des immenses salles, aux reflets de ces hautes piles de toiles
rouges, bleues, vertes, jaunes, noires, violettes. Mais les
peintres avaient en ce temps-là le bel entêtement de nous
représenter les Romains et les Grecs qu'ils n'avaient jamais vus. Ils raillaient notre cher et grand Géricault, qui
l'un des premiers songeait à peindre l'une des réalités les
plus terribles de la vie : le naufrage.

C'est pour l'histoire locale et l'histoire générale lacune
irréparable que de n'avoir pas une représentation exacte
des fabricants cauchois à la halle de Rouen devant leurs
rouenneries. L'ethnographie y perd, elle aussi, un précieux document.

Oh! la halle aux toiles de Rouen, de 1823 à 1830, et
même un peu plus tard, si j'avais su manier le pinceau,

j'essaierais encore, même après soixante ans, d'en retracer un croquis. Mais hélas ! hélas ! il faut y renoncer.

Heureux Corrège, qui put dire : « Moi aussi, je suis peintre. »

XVII

QUELQUES ACTEURS DES THÉÂTRES DE ROUEN

La période de 1823 à 1830, ci-dessus racontée, avait été celle où mon père et ma mère commencèrent de me mener au théâtre avec eux : il n'y avait alors que le Théâtre-des-Arts et le Théâtre-Français.

Lorsque je reporte mes souvenirs de ce côté, j'éprouve un étonnement, c'est de me rappeler beaucoup mieux les acteurs que les pièces. La personnalité réelle des artistes (personnalité d'ailleurs bien marquée pour quelques-uns d'entre eux) m'est restée très nette. Quant aux œuvres représentées, sauf deux ou trois exceptions, il ne m'en reste à peu près rien.

Aussi, le plaisir pour moi, c'était de revoir les chers acteurs et actrices : la belle Mme Simonet, grand premier rôle ; Mlle Dupuis, Mlle Bernard, deux piquantes soubrettes qui se succédèrent ; l'aimable duègne, Mme Duversin, puis la touchante et légendaire Nadèje-Fusil (si belle dans le *Fénelon*, de Chénier). N'oublions pas l'amusante mère Louis et son mari ; il y eut Charles Mangin, Jouanno, Leclère, Mouchot et, plus tard, André Hoffmann et Félicien. Qui ne se rappelle (ceci est postérieur à 1830) ces deux artistes, André Hoffmann et Félicien, dans l'*Auberge des Adrets ?* Mais mon plus lointain souvenir, en ce qui concerne les artistes, c'est celui de Bié.

> Bié, cet homme excellent, cet excellent acteur.

C'est Samson, de la Comédie-Française, qui, quarante ans après sa mort, le qualifiait ainsi dans une pièce de vers dite à Rouen, la ville de ses premiers succès.

Je ne connus pas Samson durant son séjour à Rouen ; il en partit, je crois, l'année de ma naissance, mais combien de fois et avec quel plaisir je l'y ai vu et revu depuis, aussi bien qu'à la Comédie-Française, où son nom seul eût suffi à m'attirer pendant mes séjours à Paris.

J'étais loin de prévoir que plus tard, beaucoup plus tard, vers 1848-49, etc., mes études sur Molière me mettraient en relations avec son habile interprète ; que je verrais le célèbre acteur chez lui ; que je l'entendrais causer de théâtre et de Molière, et de Regnard, et qu'il y aurait entre nous échange de lettres ; qu'il m'écrirait un jour amicalement, me venant en aide pour mon propre travail sur Molière :

> Vous trouverez dans Grimarest un récit dont je crois vous avoir parlé et dont il me semble que vous devriez faire usage : il s'agit d'un valet de Molière, dont la maladresse impatienta tellement son maître, qu'il en reçut un coup de pied auquel il répondit par cette apostrophe : *Vous êtes philosophe ! vous êtes plutôt le diable.*
> L'emportement de notre poète est sans doute blâmable, mais il ne faut pas craindre de montrer les faiblesses et les défauts des

grands hommes ; cela console un peu de leur supériorité, et puis, comme l'a dit un des amis du *Contemplateur* :

> A ces petits défauts marqués dans sa peinture
> L'esprit avec plaisir reconnait la nature.

Si je tiens à ce que ce fait ne soit pas omis par vous, c'est surtout à cause de quelques vers de Chrysale dans *les Femmes Savantes* :

> Du nom de philosophe elle fait grand mystère,
> Mais elle n'en est pas pour cela moins *colère*.
> ....
> Et cependant avec toute sa diablerie,
> Il faut, etc.

Est-ce que cette anecdote tout entière ne se retrouve pas dans les trois vers que j'ai transcrits ? Elle me semble donc appartenir à un ouvrage qui a pour but de montrer le théâtre de Molière reflétant son caractère et sa vie.

La *Jalousie de Barbouillé*, dont vous parlez, a été imprimée ; j'en ai un exemplaire. Elle a été jouée il y a quelques années au Théâtre-Français, au bénéfice de M. Menjaud, un de nos camarades. J'y faisais un rôle semblable à peu près à celui de Pancrace du *Mariage forcé*. Molière a puisé dans cette farce sa comédie de *Georges Dandin*.

Les hommes de cour ont été cruellement traités par lui dans l'*Impromptu de Versailles*; il va jusqu'à assimiler les marquis aux valets bouffons de l'ancienne comédie. Serait-il hors de propos de faire remarquer que l'*Impromptu de Versailles* a été composé sous l'impression récente de l'outrage qu'il avait reçu du duc de Lafeuillade ?...

Ces relations commencées par notre amour commun pour Molière ne devaient pas finir de si tôt. Presque vingt ans plus tard, le même m'écrivait encore :

Je gémis de la distance qui me sépare de vous, ainsi que de M. Méreaux et de son aimable famille. Voilà un entourage dont je m'accommoderais fort... Je souhaite que vous veniez à Paris, Paris-Auteuil bien entendu, et je serais heureux de vous voir prendre place à la table de famille. Vous n'auriez pas un festin semblable à celui de Lucullus ou de M. Méreaux; mais vous seriez aussi, comme on est chez ce dernier, au milieu d'une bonne famille qui voit ses amis dans les amis de son père...

Tout enfant, bien que je n'eusse pu apprécier le talent de l'acteur, que je ne vis pas jouer dans cette période de 1823 à 1830, j'en avais si souvent entendu parler avec éloge, que je m'étais habitué, dès lors, à une grande estime de son talent et de son caractère.

On a dit et répété souvent, trop souvent, que le public rouennais était sévère aux artistes dramatiques; rien de plus inexact. Je les y ai toujours vus, au contraire, appréciés, applaudis, fêtés et aimés.

J'espère que nos excellents amis, Albert Lambert père et fils, ne me contrarieront pas là-dessus. Quand ont-ils cessé d'être bien accueillis chez nous, comme artistes et comme hommes, comme artistes de talent, comme hommes d'un commerce agréable et sûr? D'autres qu'eux l'ont éprouvée cette sympathie rouennaise. Mon père m'a conté plus d'une fois que, montant un jour la rue Grand-Pont avec un de ses amis (un Pouyer), ils y virent le père Bié arrêté devant un magasin de dessins et gravures; il regardait, je crois, un portrait de Lafayette. Ils se placèrent derrière lui et l'ami Pouyer dit à mon père, assez haut pour être entendu de l'acteur : « Le général

Lafayette, le père Bié, ça fait plaisir à voir, ça montre qu'il y a encore de braves cœurs. » Bié se retourna, salua... Vingt personnes s'étaient arrêtées et ôtèrent leur chapeau devant le vieux comédien.

Le bien que l'on entendait dire des artistes en ce temps-là, leurs actes de généreuse bienfaisance, leur empressement à venir en aide à toutes les souffrances, cela courait les rues, et souvent à l'entrée en scène de quelques-uns d'entre eux, c'était l'homme autant que l'acteur qu'on applaudissait et l'on en était heureux. Que d'actions généreuses nous étaient racontées de quelques-uns d'entre eux, et sur la douce Nadèje-Fusil que de légendes! Elle avait seize ans à peine lors de ses débuts. Un soldat l'avait rapportée de Russie toute enfant, l'ayant trouvée dans la neige à moitié morte de froid. Elle était jolie, sympathique et visiblement fragile, si fragile qu'elle ne pourrait vivre, tout le monde le prévoyait et la prévision ne se réalisa que trop vite. Elle eut son plus beau triomphe dans *Fénelon*, je l'ai dit : elle y jouait la jeune novice qui découvre dans l'*in-pace* du couvent une religieuse abandonnée là depuis quinze ans. Les deux femmes se racontaient leur histoire... Au récit de Nadèje orpheline dans son rôle, orpheline dans la réalité, Mme Simonet ouvrant les bras avec un cri pathétique :

Quoi! vous ne savez pas ce que c'est qu'une mère!

il y avait à ce vers un sanglot de toute la salle, et puis les applaudissements éclataient intarissables... Je vous assure que, même à quatorze ans, on sortait de là transporté d'amour pour Nadèje.

XVIII

CHOSES D'IL Y A CENT ANS ET CHOSES D'AUJOURD'HUI

Personnellement, je ne puis faire remonter ces souvenirs au-delà de soixante à soixante-dix ans, mais par les récits de quelques vieillards entendus autrefois, je puis remonter d'un siècle sans difficulté. J'ai entre autres la mémoire très nette d'une conversation de M. E. Delaquérière devant l'ancien Théâtre-des-Arts.

— Voyez-vous, me disait-il, là-bas, sur la hauteur, par delà Beauvoisine, ce coin de côte ? c'est présentement très joli, très agréable à l'œil, mais dans mon enfance, savez-vous bien ce qu'on y apercevait de la porte du théâtre ?

— Non, lui dis-je.

— Vous êtes heureux de n'avoir pas vu ça. Ce que sur cette hauteur on distinguait d'ici et de bien d'autres parties de la ville, c'était le Gibet, où les pendus, agités par le vent, montraient en noir sur le ciel des danses inimaginables. M. Delaquérière se mit tout ému encore à me décrire ces horreurs.

Pourquoi ne pas l'avouer ? je crus que l'effroi causé à l'enfant par ce spectacle agissait encore à distance sur les souvenirs du vieillard et lui faisait mettre involontairement dans sa peinture un peu d'exagération. Je me rappelais cette conversation de M. Delaquérière, l'auteur des *Maisons de Rouen*, et je me demandais s'il n'y aurait pas lieu de la citer ici. Je me proposais d'intituler ce chapitre : *Choses d'il y a cent ans*. J'hésitais toutefois, lorsque quelqu'un me dit : lisez donc dans le *Journal de Normandie* du samedi 21 juillet 1787, la lettre *d'un abonné* à propos de « l'affreux et dégoûtant spectacle du « *Patibulaire* élevé sur le sommet du Boisguillaume, « au lieu désigné vulgairement la *côte du Gibet* ou *des* « *Pendus*. »

Je pris le journal à la date indiquée et je lus :

Dans le moment actuel où les boulevards nivelés, plantés, embellis par les édifices, les maisons de plaisance que l'on s'empresse, à l'envi, de construire et décorer de toutes parts, offrent une promenade charmante, agréable à la fois et salutaire, les yeux de tous les citoyens rencontrent sans cesse au-dessus d'eux le plus lugubre et le plus déplorable aspect.

L'odorat même est affecté ; on a plus d'une fois entendu murmurer contre les exhalaisons fétides que les vents, en été surtout, transportent de ce lieu dans les environs, jusque dans l'intérieur de la ville.

Quelle vue pour nos concitoyennes mères, ou prêtes à le devenir, pour de jeunes filles et d'aimables enfants, pour tous les honnêtes habitants des faubourgs de Bouvreuil et de Beauvoisine qui s'accroissent tous les jours... Quel spectacle qu'un groupe de cadavres à demi-couverts de lambeaux hideux, les cheveux hérissés, dans une attitude horrible, livides, ou même en putréfaction, parmi des squelettes secs, noirs, décharnés, s'agitant, s'entre-heurtant au gré des vents et présentant à l'imagination, ainsi qu'à tous les sens révoltés, à la fois l'assemblage le plus propre pour affliger l'humanité...

M. Delaquérière n'avait rien exagéré, ses souvenirs étaient exacts, précis.

Voilà ce qu'on avait de loin sous les yeux, il y a cent ans, en sortant du Théâtre-des-Arts, et ce qui de plus en plus s'apercevait clairement à mesure que l'on montait vers les boulevards tout récemment plantés ; et que dites-vous de la puanteur qui se répandait *jusque dans l'intérieur de la ville ?*

Eh bien ! l'auteur de la lettre adressée au *journal* demande-t-il la suppression du Gibet ? Non ! il se garde d'aller jusque-là ; mais tout au moins il voudrait qu'on entourât de quatre murailles les fourches patibulaires... Ainsi l'on n'aurait plus l'horrible et scandaleux spectacle des *hautes œuvres de justice.*

La Révolution qui allait venir, heureusement ferait mieux que de bâtir des murailles autour du Gibet... Elle le supprima... De riantes habitations, entourent aujourd'hui l'ancien champ du Gibet, devenu le *Brillant point de vue.* C'est là que tout récemment s'est créé, sous de tranquilles ombrages, le Laboratoire régional d'Entomologie agricole, dont les collections sont plus intéressantes à voir, on en conviendra, que des squelettes humains suspendus à des arbres.

Fin.

TABLE ANALYTIQUE

Abbaye de Thélème, pressentie, 27.
Acteurs des théâtres de Rouen, 210.
Adam le Cotonneux, 45.
Alfred Péron, 197.
Aître Saint-Maclou, 5, 36.
Alain Blanchard, 13.
Albert Lambert, père et fils, 219.
Alcoolisme à Rouen, 89.
Almanach des Normands, V. 99.
Alphée et Aréthuse, 21.
Ancien Hôtel-de-Ville, 21.
Amadou, 154.
Amitié, ses bons effets, xiii.
Ancien château des ducs de Normandie, 32.
Anciennes grandes voies, 40.
Anciennes maisons, 101.
Anciennes rouenneries, 42.
Anciennes rues, 18.
André Hoffmann, 212.
André Pottier, 204, 207.
Anglais (les) et le Guide Joanne, 61.

Année d'un ermite, xii.
Antheaume, 69, 175.
Archéologues (les), Deville Périaux et Delaquérière, 56.
Assommoirs de la rue du Ruissel, 44.
Auvergnats de la rue des Savetiers, 17.

Batifolage, 128.
Bérat, 59.
Bernard (Mlle), 212.
Béranger, 117, 142, 143, 144.
Beuzeville (l'intrépide), 151.
Blé, 213, 219.
Bihorel (quartier), 181.
Boisguillebert, 93.
Bon Pasteur (le), 21.
Bonaparte à Marengo, 150.
Bonjour M. Pouyer, 209.
Bretelles (industrie des), 69.
Brévière, 20.
Brillant point de vue, 219.
Brocanteurs du clos Saint-Marc,

de Saint-Sever et de la rue Eau-de-Robec, 58.
Bureau des Finances, 31.

Campagne (la), 196.
Cantonniers, leur création, 146.
Carrières Bihorel, 101.
Cathédrale, 28. Combien de fois détruite et rebâtie, 29.
Cauchoise et Saint-Gervais, 45.
Cavelier de la Salle, 93.
Chanson de la jolie marjolaine 163.
Chanson de Roland, 143.
Charles Mangin, 212.
Charlotte Corday, 11.
Charretier modèle (un), 164.
Château de Philippe-Auguste, 13.
Claverie, le bouquiniste, 198.
Chéruel (A.), 201.
Cidevant (un), 148.
Cité lacustre, 79.
Clocher de Canteleu, 121.
Clos Saint-Marc, 40, 171.
Communes voisines, 2, 3.
Conquêtes du Seigneur MONDE, 120.
Corneille (P.) et sa dédicace de *Cinna*, v, 93, 95, 176.
Corneille inconnu, xiv.
Corneille (T.), 93, 94, 95.
Corneilles de la Cathédrale, 178.
Cour d'Albane, 38.

Croix-de-Pierre, son histoire, 81, 82, 83.

Danse des morts, 35.
Dantan, sa statue de Boïeldieu, 120.
Dante et les fours tournants de l'usine Malétra, 69.
Déisme et christianisme, v.
Delaquérière, 129, 217.
Delzeuzes (le docteur), 112.
Dentellières, 155.
Desaugiers, 200.
Dieppe, 172.
Dictionnaire d'architecture de Violet-le-Duc, 88.
Dom Pommeraye, son histoire de l'abbaye de Saint-Ouen, 53, 103.
Drapiers (anciens), 21.
Dupuis (Mlle), 212.
Duversin (Mme), 212.

Embellissements de Rouen par M. de Crosne, 85.
Emendreville, 1.
Émile Debraux, 141, 142, 143.
Emmurées (les), 59.
Escaliers remarquables, 87.
Eugène Pinel, 197.
Élan de 1830, 193.
Enseignes (les) en 1830, 190.
Étalages dans les rues, 18.

Famille Corneille, 11.
Famille Flaubert, 11.
Famille Pouchet, 11.
Farcée d'automne, 165.
Farin (cité), 96.
Félicien, 213, 216.
Fénelon de Chénier, 212.
Ferme des Trois-Pipes, 179.
Festin de Pierre de Thomas Corneille, cité, 128.
Flaubert (Gustave), 121, 126.
Flèche d'Alavoine, 31.
Floquet, historien du privilège de la *Fierte de Saint-Romain*, 33.
Foire Saint-Romain, 119.
Fossard, 207.
Fontenelle, 25, 93, 95.
Fourgon (ancienne voiture publique), 161.

Gaalor (fontaine), 12.
Gauthier-Gargouille, Gros-Guillaume, Bruscambille et Bobêche, 118.
Georges d'Amboise (la cloche), 28.
Gibet (le), 218.
Gigouday, constructeur du Temple protestant, 97.
Girardin, 204, 205.
Gringalet, 109, 110, 111, 112, 113, 117, 118, 119, 140.
Gringalet (Mlle), 112.

Gros Horloge, 20, 21, 22.
Groupement des corporations, 18.

Halle aux toiles, de 1823 à 1830, 211.
Hainault, historien du Gros Horloge, 23.
Héliot (le commandant), 150.
Henri V d'Angleterre, assiégeant Rouen, 61.
Hercule de Puget, 57.
Histoire de Rouen sous la domination anglaise, par A. Chéruel, 62.
Histoire de France par les monuments, 100.
Histoire des oracles, 95.
Histoire universelle. Ses traces dans le sang et dans l'organisme humain, VIII.
Honoré d'Urfé, XI.
Hôtel du Bourgtheroulde (l'), album par MM. Lafon et Marcel, 128.
Hôtel du Bourgtheroulde, 125.
Hôtel-de-Ville (ancien), 20.
Huchiers (anciens), 22.
Hyacinthe Langlois sur la danse des morts, 36, 37, sur les stalles de la Cathédrale, 56.

Iles d'amour, 58.

Ile la Mouque, devenue Ile La-
croix, 114.
Imprimeries. Toujours nom-
breuses à Rouen, 92.
Industries agricoles et horticoles,
78.
Industrie drapière à Rouen.
Causes de sa décadence. Opi-
nion de Michelet, 45.
Incendie de la Cathédrale, 173.
Incendies au temps passé, 177.
In-folio mal relié, 207.

Jacques Amyot, Longus et Paul-
Louis Courier, 126.
Jardinage, le plus sain des exer-
cices, 160.
Jardin de l'Hôtel-de-Ville, 91.
Jardin de M. Bar, 195.
Jardin des plantes, 59.
Jardin des plantes, 70.
Jehan de Felins, 22.
Jouanno, 212.

Karlemaigne, 143.

Laboratoire d'entomologie, 219.
La Fontaine, x.
Lajoie (père), 113, 141.
Lamartine, 207.
Lamennais chez Béranger, 117.
Lames (les petits fabricants de),
143.
Langlois (Hyacinthe) et ses illus-

trations du livre de M. Dela-
quérière sur les maisons de
Rouen, 127.
Leclère, 212.
Lefort, architecte-restaurateur du
Palais-de-Justice, 19.
Légende napoléonienne, 116.
Legendre (abbé), curé d'Hénou-
ville, 78.
Lepaute, le célèbre horloger, 24.
Le Roux, tourneur en ivoire,
124.
Le Roux (Mme), 125.
Le Roux (Guillaume), Ier du
nom en 1450, 125.
Levallois (Jules), cité, 99.
Licquet, 206.
Lieu de supplice de Jeanne d'Arc,
72, 73.
Littérature archéologique, x.
Livre des peuples, 200.
Loisirs du père Labèche, 196.
Louis (M. et Mme), 212.

Maison Caradas, 87.
Maison Flaubert, à Déville, 189.
Maîtres de la pierre vive, 47,
133, 135.
Maîtres italiens (les), xvi.
Manche à balai (chanson), 113.
Marc d'Argent (l'abbé), 49; sa
mort et son épitaphe, 52, 103.
Marché aux balais, 34.

Martial d'Auvergne et ses vigilles de Charles VII, 74.
Médecin des fleurs, 197.
Mémoires d'une forêt, xiv.
Mendiants, 173.
Méreaux, 215.
Michelet dans la Cathédrale, 30.
— Devant l'abbaye de Saint-Amand, 86.
— Son opinion sur l'isolement des grands édifices, 130.
Mickiewicz, cité, 117.
Missionide de Joseph Cahaigne, 183.
Molière, Pascal et Voltaire à Rouen, 77.
Montesquieu, 160.
Mont-Riboudet (boulevard du), 188.
Mouchettes, 144.
Mouchot, 212.
Moyen âge fini, 60.
Musée-Bibliothèque, 16.

Nadèje Fusil, 212, 217.
Napoléonienne (la), 201.
Nid de chiens et Notre-Dame de la Rose en 1416, 61.
Normands célèbres, leur nombre, 6.

Omnibus, leur création à Rouen, 145.
On parlera de sa gloire, 142.

Palais-de-Justice, 19.
Parentés rurales, 155, 156.
Pathelin, 21.
Périaux (N.), 59.
Person, 203, 204.
Petite Chartreuse et Notre-Dame de la Rose, 65, 66.
Petite vallée de Manchester, 188.
Petit jardinier (le), 157.
Petit Jean, 141.
Petits papiers, ix.
Pisciculture et jardinage, vi.
Place de la Basse-Vieille-Tour, 33.
Place de la Haute-Vieille-Tour, 32.
Place de la Pucelle, 72.
Pluralité des mondes, 25.
Pont Corneille, 71.
Pont neuf, 71.
Pont suspendu, 108.
Portail des libraires, 38.
Porteux (les), 162.
Post tenebras spero lucem, 15.
Potel, 206.
Pouchet (F.-A.), 203, 204.
Pouillerie et puanteurs, 168.
Pouyer (la dynastie), 210.
Preault (Auguste), le statuaire, 30, 193.
Premier dahlia, 158.
Premières leçons d'histoire, 148.
Premier voyage, 161.

15

Projets fastueux de M. de Montmorency-Luxembourg, 84, 85.
Projet de démolir Saint-Ouen pour dégager l'Hôtel-de-Ville, 136.
Promenades de Rouen, 101.
Protestants célèbres : les Basnage, Legendre, etc., 97.
Puiseux ; son livre sur le siège et la prise de Rouen par les Anglais, 62, 102.
Pyrénées décrites par un ancien soldat, 151.

Quinquets (leur apparition), 144.

Ratumakos, 1.
Reclus (Élisée), cité, 100, 142.
Remy-Belleau, Taboureau, Baïf, Ronsard, Du Bartas, Passerat, Martial d'Auvergne, 125.
Renelle (la), 17.
Résistance des moines de Saint-Ouen à participer aux dépenses du siège de Rouen, 103.
Retour des restes de Napoléon, 114, 115, 116.
Rêve d'une symphonie rouennaise, 99.
Révocation de l'édit de Nantes, 97.
Révolte au collège de Rouen, 199.
Ricarville, 13.

Ridicule, 146.
Robec et l'Aubette, 79.
Roman de Rou, 143.
Rouen ; sa véritable population actuelle, 4.
— sa population au xve siècle, 5.
— Ses anciennes et ses nouvelles entrées, 8, 9.
— Ses anciennes portes, 9.
Rouen ; promenades et causeries, x, xi.
Rouen ; son histoire et ses monuments, par Th. Liquet, 51.
Rouen bizarre, de MM. Georges Dubosc et Fraigneau, 118.
Rouennais pendant le siége de 1418-1419, 63.
Rouenneries, 43.
Roger Ango, 20.
Roncevaux, 143.
Rue des Arpents, 10.
— de l'Aumône, 171.
— de Brutus, 170.
— des Charrettes, 123.
— Coupe-Gorge, 171.
— Damiette ou rue de la Miette, 37.
— Eau-de-Robec, 42.
— d'Elbeuf, 72.
— de l'Épicerie, 32.
— Étoupée, 122.
— des Fossés-Louis-VIII, 40.
— de la Grande-Mesure, 44.

Rue Jeanne-Darc, 14.
— du Petit-Mouton, 40-41.
— du Petit-Salut, 76.
— Pouchet, 11.
— Poullain-Dumesnil, à Bihorel, 181.
— du Rosier, 171.
— du Ruissel, 44.
— des Savetiers ou rue des Prêtresses, 154.
— de la Vanterie, 20.

Salle des Pas-Perdus, 19.
Saint-Godard (église), 14.
Saint-Gilles (fête villageoise), 165.
Saint-Laurent (église), 131.
Saint-Godard et Saint-Laurent ; ce qu'on en pouvait faire, 134, 135.
Saint-Laurent (église), 15.
Saint-Maclou (église), 32, 35.
Saint-Ouen (église), 47.
Saint-Patrice (église), 14.
Saint-Romain (église) ; son clocher en zinc ; ses fonts baptismaux, 12.
Saint-Sever (faubourg), 1.
Saint-Vivien (église et place), 46.
Saint-Vivien (la), fête populaire, 179.
Sainte-Pélagie ou plainte d'un prisonnier, 187.
Samson, 213.

Satire Menippée conçue à Rouen, 77.
Secret de l'art gothique, 132.
Sévigné (Mme), citée, 128.
Simonet (Mme), 212.
Souffle de renaissance, 75.
Sous les acacias de la rue Restout, 131.
Square Saint-André, 24.
Square Solférino, 91.
Statue de la Pucelle, 72.

Taillefer, 143.
Tante Victoire, 166.
Télégraphie du fouet, 162.
Teglath-Phalasar, 202.
Temple protestant au Grand-Quevilly, 96.
Terreur blanche, 149.
Théâtre des Quatre-Colonnes, 109, 117, 140.
Thèse de M. Tourdot sur l'alcoolisme, 89.
Thomas Becquet, 30.
Tour aux onze cloches, 28.
Tour de beurre, 31.
Tour aux clercs, 53.
Tour Jeanne-Darc, 13, 104.
Tour Saint-André, 123.
Tour Saint-Laurent, 16.
Tradition gauloise, xiv.
Trameries, ourdissoires et séchoirs, 43.

Usine Malétra, 69.

Vacherot, 202.
Vallée de Darnétal, 197.
Vallet, horticulteur rouennais, 158.
Vert-Vert, Gresset et les Visitandines, 76.
Victor Hugo, cité, 100.
Vie des fleurs, XIII, 157, 196.
Vieille France, XIV.

Ville (la) aux trois cathédrales, 34.
Ville-Musée, v.
Voltaire, un de ses chagrins, IX.
— 121.
— et les lettres anglaises, 96.

Wace (Robert), 143.
Wood, introducteur à Rouen de la culture du dahlia, 158.

DU MÊME AUTEUR :

Rabelais. Paris, 1850. Comon.
Rabelais, sa vie et son œuvre, édition diamant. Michel Lévy.
Rabelais, sa vie et son œuvre, 3e édition. D. Jouaust.
Rabelais, médecin, écrivain, curé, philosophe. Paris, 1880. H. Bécus.
Molière. Paris, 1855. Comon.
Molière, son théâtre et son ménage. Paris, 1880. H. Bécus.
Histoire de mon cousin Pierre Carlu. Bruxelles, 1859. (*La Libre Recherche*).
Voltaire. Paris, 1853. Chamerot.
Voltaire, sa vie et son œuvre. Sa lutte contre Rousseau. Paris, 1878. Maurice Dreyfous.
Pisciculture, pisciculteurs et poissons. Paris, 1856. Chamerot.
La Vie des Fleurs. Paris, 1859. Hetzel. Édition illustrée par Yan Dargent, 1861.
Almanach des Normands (1862-63), en collaboration avec MM. Georges Pouchet et Georges Pennetier.
Les Générations spontanées, brochure. Paris, 1861. Ledoyer.
Voltaire à Ferney. Rouen, 1857.
Souvenirs de Béranger. Paris, 1857. Pagnerre.
Voltaire et Rousseau. Volume de la *Bibliothèque utile*. Félix Alcan.
Rouen, promenades et causeries. Rouen, 1872. Schneider.
Le Buffon de la Jeunesse. Rouen, 1873. Mégard.
J. Michelet et ses enfants. Paris, 1878. Maurice Dreyfous.
Le Rabelais de poche avec un Dictionnaire pantagruélique. Paris, 1860. Poulet-Malassis.
Le même, précédé d'une préface et très augmenté. 1879. D. Jouaust.
Madame Comte à Rouen. Paris, 1878. Revue de philosophie positive.
L'abbé Baston. Lettre à M. Littré. Paris, 1879. Revue de philosophie positive.
Grognements et sourires d'un philosophe inconnu. Paris, 1882. Bécus.
Mémoires d'un imbécile écrits par lui-même, avec une préface de M. E. Littré. Paris, 1872. 4e édition, 1887. Félix Alcan.
Petites et grosses bêtes, essai de zoologie populaire. Rouen, 1880. Mégard.
La Bibliothèque de Rouen. Notes et souvenirs. 1880. Rouen.
Procès mémorable des marguilliers de Montcauvaire contre l'archevêque de Rouen. 1845-1860. Rouen, 1883.
Ni A, ni B. Paris, 1883. Revue de philosophie positive.
Moi, extrait de la *Chronique moderne* (1889).
La campagne, paysage et paysans (2me édition). E. Cagniard, 1890.
Les Loisirs du père Labêche. Paris, 1892. H. Bécus.
Etc., etc.

CONFÉRENCES :

Voltaire et Calas. Rouen, 1874.
F.-A. Pouchet. Rouen.
La dernière comédie de Molière. Rouen, 1881.
Fontenelle. Paris, 1876. Revue de philosophie positive.

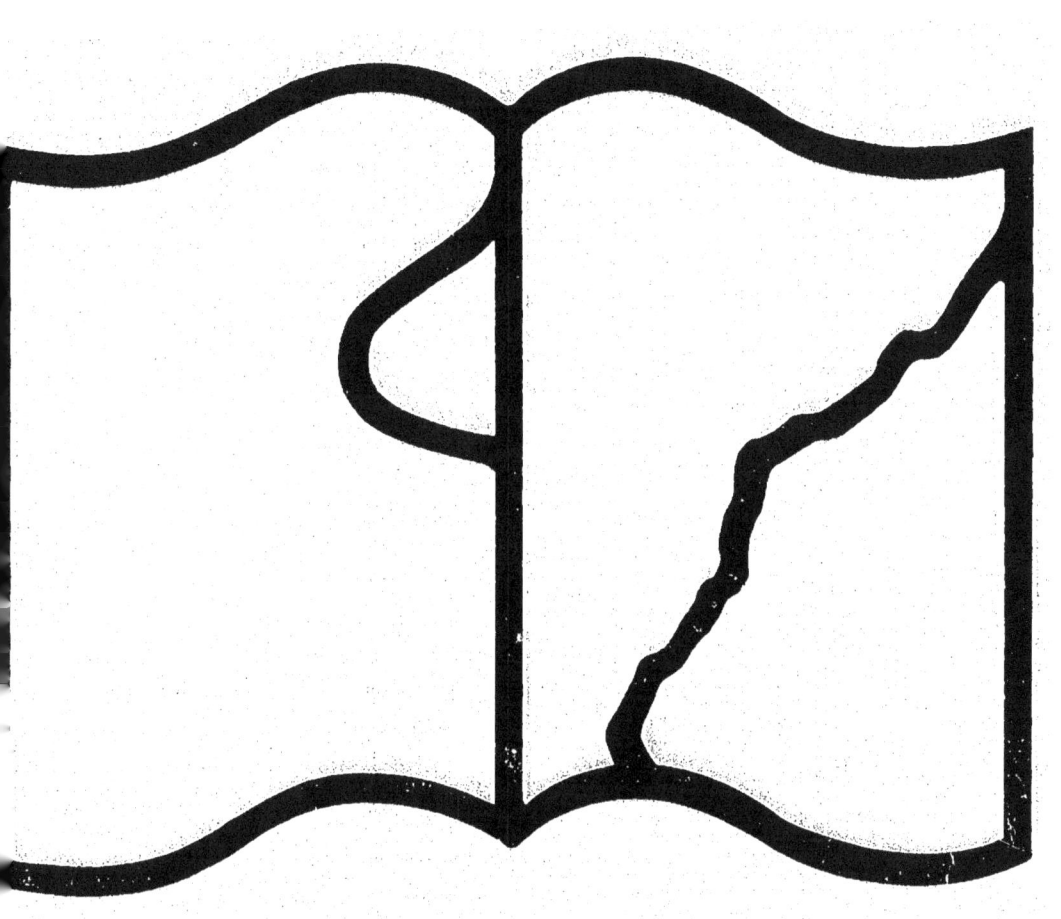

Texte détérioré — reliure défectueuse

NF Z 43-120-11

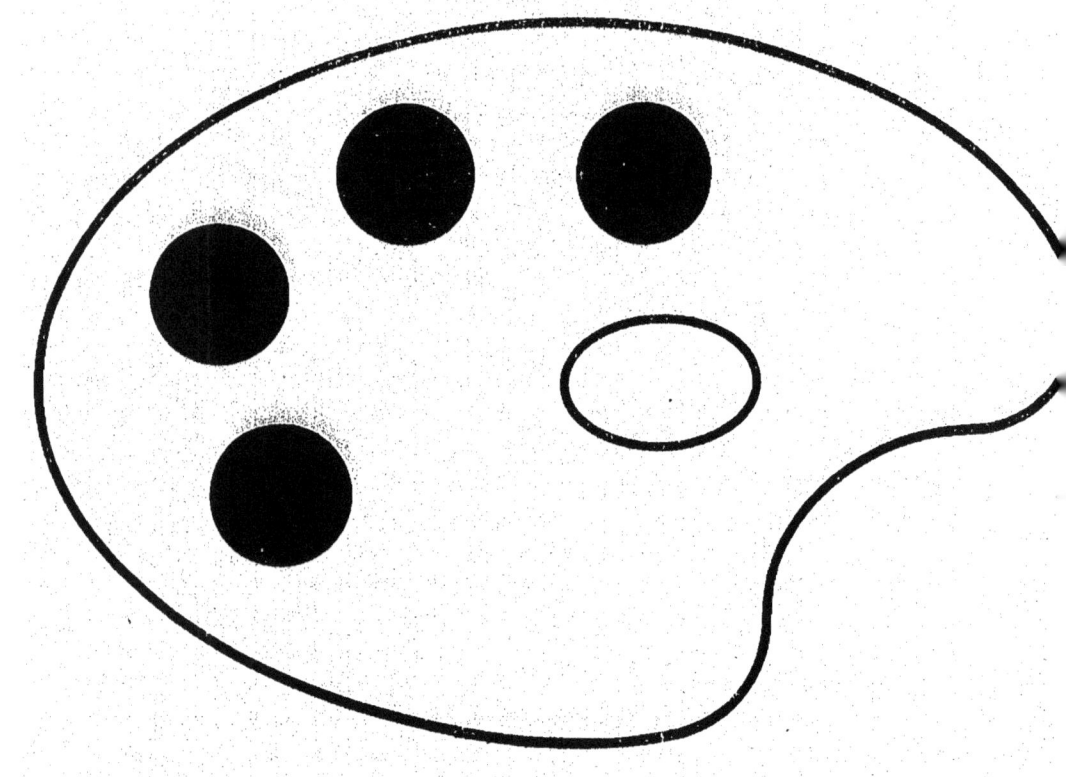

Original en couleur
NF Z 43-120-8

Contraste insuffisant

NF Z 43-120-14

www.ingramcontent.com/pod-product-compliance
Lightning Source LLC
Chambersburg PA
CBHW070653170426
43200CB00010B/2226